ख़ुद से मिलने की फुरसत किसे थी

ख़ुद से मिलने की फ़ुरसत किसे थी

परवीन शाकिर

प्रस्तावना एवं संकलन

रख़्शंदा जलील

वाणी प्रकाशन

प्रकाशन के उत्कृष्टतम 63 वर्ष

पेपरबैक पहला संस्करण : 2021
पेपरबैक दूसरा संस्करण : 2026

vaniprakashan.com

वाणी प्रकाशन

4695, 21-ए, दरियागंज, नयी दिल्ली-110 002

फ़ोन : + 91 11 23273167, 23275710

शाखाएँ

अशोक राजपथ, पटना-800 004, बिहार

कॉफ़ी हाउस कैम्पस, महात्मा गांधी मार्ग, प्रयागराज-211 001, उत्तर प्रदेश

महात्मा गांधी अन्तरराष्ट्रीय हिन्दी विश्वविद्यालय, वर्धा-442 001, महाराष्ट्र

sales@vaniprakashan.in
vaniprakashan@gmail.com

Khud Se Milne Ki Fursat Kise Thi

by Parveen Shakir

Foreword & Compiled by Rakhshanda Jalil

Transliteration by Pradeep Sahil

ISBN : 978-93-90678-12-9

Nazm/Ghazal

मूल्य : ₹ 225

जी.एस. ऑफ़सेट, दिल्ली-110 095 में मुद्रित

वाणी प्रकाशन का लोगो मक़बूल फ़िदा हुसैन की कूची से

पेश लफ़्ज़

तू मिरी सोच भी, तस्वीर भी और बोली भी
मैं तिरी माँ भी, तिरी दोस्त भी हमजोली भी

समाजी और सियासी ताक़तों ने बड़े पैमाने पर हमारे नज़रिये और उस तहरीक को एक शक्ल दी है जिसे आज हमने फेमिनिज़्म या हुकूक़-ए-निस्वा का नाम दिया है। भले ही परिभाषाएँ अलग-अलग हों, लेकिन ज़्यादातर लोग इस बात से इत्तिफ़ाक़ करते होंगे कि ये तहरीक मर्द और औरत में समानता की बात करती है। मुआशरें[1] में चली आ रही एक सदियों पुरानी ग़लत रिवायत की दुरुस्ती जिसमें औरतों को या जिन्हें सिमोन द बोउवा (Simone De Beauvoir) ने द सेकेंड सेक्स या नज़रअन्दाज़ औरतें कहा है, कमतर समझा गया है जो मर्दों के निस्बत परिभाषित की जा रही औरतों के ख़िलाफ़ सरासर नाइंसाफ़ी है। बोउवा के 'द सेकेंड सेक्स' के बाद के सत्तर सालों के दौरान, लिंग और लैंगिकता ने कई बहस-मुबाहिसों को जन्म दिया है और मर्द तथा औरत के बीच की बराबरी आज भी बहस का मरकज़ बनी हुई है।

अक्सर, औरत की ज़ात और उसका तालीम हासिल करने का हक़ किसी समाज में औरत की हैसियत और उसके दर्जे को बयान करता है। लेकिन तब क्या होता है जब कोई मज़बूत किरदार वाली औरत, यहाँ हम उसकी जवानी और ख़ूबसूरती का ज़िक्र नहीं कर रहे, जिसे समाजिक हैसियत और तालीम के तमाम हक़ हासिल हों, मर्दों के मुक़ाबले अपने आपको

परिभाषित करती है, और दरअसल अपने आपको इस परिभाषा में ख़ुशी-ख़ुशी ज़ाहिर करती है? परवीन शाकिर (24 नवम्बर 1952–26 दिसम्बर 1994) की शायरी यक़ीनी तौर पर इसीलिए अपने समाज के लिए एक बहुत बड़े मसले का सबब बन जाती है। क्योंकि बावजूद इसके कि उनकी ज़िन्दगी बज़ाहिर उन पर मेहरबान मालूम होती थी, उनकी शायरी दो बिन्दुओं के इर्द–गिर्द घूमती है–मुहब्बत और धोखा। और जैसा कि फ़ैज़ अहमद फ़ैज़ ने बड़े ही यादगार अन्दाज़ में लिखा है, "और भी दुख हैं ज़माने में मुहब्बत के सिवा/राहतें और भी हैं वस्ल की राहत के सिवा।" लेकिन उन दूसरी ख़ुशियों और ग़मों का क्या? हालाँकि ग़म-ए-जानाँ तक तो ठीक है, लेकिन ग़म-ए-दौराँ का क्या होगा? क्या कोई शायर या कोई भी सोच और समझ वाला इन्सान इससे मुतास्सिर हुए बिना रह सकता है? यक़ीनन, पूरी दुनिया भर के लोग, ख़ासतौर पर हमारी दुनिया के हिस्से के लोग, इन सामाजिक बुराइयों और असमानताओं से वाक़िफ़ हुए बग़ैर नहीं रह सकते। इनमें से कुछ की तरफ परवीन शाकिर ने अपनी नज़्मों में इशारा किया है; उनकी ग़ज़लें अलबत्ता लगभग पूरी तरह से रूमानी अन्दाज़ की हैं।

एक शायरा, एक मुअल्लिमा और एक सरकारी मुलाज़िम, परवीन शाकिर की पैदाइश एक मध्यम दर्जा, क़दामत पसन्द कराची के ख़ानदान में हुई थी जो हिन्दुस्तान के बिहार प्रान्त से आकर पाकिस्तान में बस गया था। इंग्लिश लिटरेचर और भाषा विज्ञान में ग्रेजुएशन की दो डिग्रियाँ, और इन्हीं मौज़ूओं में मास्टर्स की दो डिग्रियाँ, पी.एच–डी. और बैंक एडमिनिस्ट्रेशन में एक और मास्टर्स डिग्री हासिल करने वाली वह अपने मुआसिरों में शायद सबसे ज़्यादा तालीमयाफ़्ता शायरा थीं। नौ साल तक एक मुअल्लिमा की हैसियत से पढ़ाने के बाद उन्होंने दौरे-नौ की सबसे ज़्यादा माँग वाले सेंट्रल सिविल सर्विसेज़ का इम्तिहान दिया और इसमें कामयाब होकर मुल्क के फेडरल

बोर्ड ऑफ़ रेवन्यू में मुलाज़िम हो गयीं। अपनी उम्र के शुरुआती दौर में यानी नौ साल की उम्र में ही उन्होंने लिखना शुरू कर दिया था और उनके छपने वाले मजमूओं में शामिल हैं, 'ख़ुश्बू' (1976), 'सदबर्ग' (1980), 'ख़ुद-कलामी और इनकार' (1990) और 'काफ़-ए-आईना'। इसके इलावा, उन्होंने 'गोशा-ए-चश्म' के नाम से अख़बार में एक कॉलम भी लिखा। शायरी की उनकी पहली किताब 'ख़ूश्बू' को आदमजी अदबी अवार्ड हासिल हुआ। बाद में उन्हें 'प्राइड ऑफ़ परफॉर्मेंस' अवॉर्ड से नवाज़ा गया जो पाकिस्तान सरकार का सबसे बड़ा अवॉर्ड समझा जाता है। परवीन शाकिर ने एक पाकिस्तानी डॉ. सैयद नासिर अली से निकाह किया जिनसे उन्हें एक बेटा, सैयद मुराद अली हुआ। लेकिन यह शादी ज़्यादा देर तक न चल सकी और उनका तलाक़ हो गया। उसके बाद, 26 दिसम्बर 1994 के एक मनहूस दिन परवीन शाकिर का इस्लामाबाद में इन्तक़ाल हो गया, जब अपने दफ़्तर जाते हुए उनकी कार एक ट्रक के साथ टकरा गयी।

अगर हम तारीख़वार तरीक़े से देखें तो उनकी लिखी किताबें उनकी मुख़्तसर-सी ज़िन्दगी के तग़य्युरात का अक्स मालूम होती हैं। उनका पहला मजमूआ तब शाया हुआ था, जब वह सिर्फ़ 24 साल की थीं। इसमें ज़िन्दगी की दहलीज़ पर खड़ी एक जवान लड़की के दिल में पैदा होने वाले ख़्यालों और उसके जज़्बातों की अक्कासी है। उसकी ज़िन्दगी ख़्वाबों से भरी थी। उसे तलाश थी एक ऐसे शख़्स की जो उसकी मुहब्बत का माक़ूल सिला दे सके। वह एक कली की तरह थी जो खिलने की मुन्तज़िर थी। इस किताब में एक ताज़गी थी और एक ख़्वाब जैसा सादापन था, एक तरह का क़ुदरतीपन। उसके बाद के मजमूओं में उनकी ज़िन्दगी के मुख़्तलिफ़ मराहिल सामने आते हैं। उनकी ज़िन्दगी की दुश्वारियाँ, इल्म हासिल करने की तलब, कराची में एक मुअल्लिमा के तौर पर गुज़ारी गयी ज़िन्दगी, अपनी ज़िन्दगी के कई मक़सदों को हासिल

करने की जद्द-ओ-जहद, उन्हीं मुद्दों का सामना करना जिनसे अमूमन दक्षिनी एशिया की औरतों को दो-चार होना पड़ता है, कमसिनी में उनका माँ बनना, क़दम-क़दम पर ससुराल वालों की दख़लन्दाज़ी, दफ़्तर और ज़ाती ज़िन्दगी में सन्तुलन बिठाना, अपने शौहर से अलहदगी जिसका अंजाम तलाक़ की शक्ल में सामने आया, और उसके बाद अपने बेटे की तरबियत के लिए अकेली कामकाजी माँ के फ़र्ज़ निभाना, जिसके लिए वह पूरी तरह प्रतिबद्ध थीं। परवीन शाकिर को यक़ीन था कि न तो उन्हें उनके अपने परिवार में समझा गया था, न ससुराल में और न ही उनकी शादीशुदा ज़िन्दगी में। उनकी शायरी के जुनून को उनके परिवार वालों ने ख़ासकर नहीं समझा जिसमें मुआशरे की मिली–जुली ताक़तों का ज़ोर चलता था।

उनकी बेहद दर्दनाक ज़िन्दगी जो सिर्फ़ 42 साल में ख़त्म हो गयी, दिखाती है कि बावजूद कई तालीमी डिग्रियाँ और क़ाबिलियत के, कई स्कॉलरशिप के बावजूद, जिनके कारण वह कई मग़रिबी यूनिवर्सिटी में तालीम हासिल कर सकीं, एक शानदार नौकरी होने के बावजूद जिसने उन्हें माली तौर पर ख़ुदमुख़्तारी दी और समाजिक मक़बूलियत दी जिससे बिना शक एक क़ाबिल शायरा के तौर पर भी मुशायरों में उनकी ख़ूब तारीफ़ हुई और बड़ी तादाद में लोगों ने उन्हें पढ़ा भी–ये सब मिलकर भी उन्हें हर तरफ़ मौजूद पिदराना[2] निज़ाम की ताक़त से बचा नहीं सके।

परवीन शाकिर की बेमिसाल ख़ूबसूरती उनकी शख़्सियत का कोई छोटा हिस्सा नहीं थी। उनकी इस ग़ैर-मामूली ख़ूबसूरती और उनकी ज़हानत, दोनों ने मिलकर उन्हें मुशायरों, टी.वी. और अवामी प्लेटफॉर्म की एक दिलचस्प शख़्सियत बना दिया था–न सिर्फ़ अपने मुल्क में बल्कि पूरी दुनिया में। उनके बोलने का पुरकशिश अन्दाज़, अपनी नज़्में पढ़ने के दौरान उनकी लताफ़त से भरी आवाज़ और उर्दू ज़बान पर उनकी क़ुदरती महारत के

साथ-साथ अदबी नक़्क़ाद से मिली शुरुआती तारीफ़ ने उनकी साख को एक मुतास्सिर करने वाली क़ाबिल अदबी हस्ती बना दिया था। इसके इलावा, उनकी नज़्मों और ग़ज़लों को उस वक़्त की ग़ज़ल गायकी की दुनिया पर हुकूमत करने वाले तमाम गायकों जैसे ग़ुलाम अली, आबिदा परवीन, बिलक़ीस ख़ानम और मेहँदी हसन ने अपनी आवाज़ दी जिसने परवीन शाकिर और उनकी मुख़्तसर लेकिन उथल-पुथल से भरी ज़िन्दगी को एक ज़िन्दा दास्तान बना दिया। शाइस्ता मिज़ाज, संजीदा और नफ़ीस–वह उर्दू अदब की दुनिया में सबसे अलग एक ऐसी शख़्सियत थीं, जैसी अब तक किसी ने नहीं देखी थी।

और उनकी शायरी, बेबाकी से भरी और नफ़ासत से लबरेज़ जो औरत और मर्द की हमसरी की हिमायत करने वाली रिवायती समझ को बयाँ करती थी, उर्दू अदब की दुनिया में हमेशा बेमिसाल रही। जिन हालात में उनके बेरहम और बेपरवाह महबूबों ने उनके साथ धोखे किये और उन्हें अकेलेपन की तारीकियों में धकेल दिया, उन हालात के ख़िलाफ़ उनकी मुतवाज़िन[3] निस्वानियत ने उन्हें एक पुरकशिश पहेली बना दिया था। अगर कोई दूसरी औरत उनके जैसे सूरत-ए-हाल में होती तो समाज में मिसफ़िट होने के नाते अगर बार-बार उसकी अनदेखी की जाती और उसे समाज में अलग-थलग कर दिया जाता तो शायद ही वह कभी कुछ लिख पाती। शायद ही कोई औरत इतनी लाचारी और नाकामयाबी के मायनों को अपनी शायरी में इस क़दर हसीन अन्दाज़ में पिरो पाती। यह बे-कैफ बे-इत्मिनानी, दुख और शर्मिन्दगी उनकी ग़ज़लों की एक बुनियादी कैफ़ियत बन गयी थी। मिसाल के तौर पर देखें :

कैसे कह दूँ कि मुझे छोड़ दिया है उसने
बात तो सच है मगर बात है रुस्वाई की

यह फिर :

मेरी तलब था एक शख़्स वो जो नहीं मिला तो फिर
हाथ दुआ से यूँ गिरा भूल गया सवाल भी

मुहब्बत में नाकामयाबी का जो मीठा-सा दर्द होता है उसके साथ-साथ ख़ुद-आगाही का एक जोश भी मिलता है जो उनकी शायरी को रोशन करता है और उसे बहुत जज़्बाती या ख़ुद पर तरस खाने के जज़्बे से बचाता है।

औरों का हाथ थामो उन्हें रास्ता दिखाओ
मैं भूल जाऊँ अपना ही घर तुमको इससे क्या

फिर, इन सभी दुश्वारियों की वजह से यहाँ कभी-कभी पीछे हटने वाले जज़्बात भी दिखायी देते हैं जो दौरे-ए-नौ के हस्सास को चोट पहुँचाते हैं, और रिग्रेसिव (Regressive) मालूम देते हैं। जैसा कि :

वो कहीं भी गया लौटा तो मिरे पास आया
बस यही बात है अच्छी मिरे हरजाई की

और

मैं सच कहूँगी मगर फिर भी हार जाऊँगी
वो झूठ बोलेगा और लाजवाब कर देगा

ग़ज़लों की बनिस्बत उनकी नज़्में उन्हें ज़्यादा मुआयना-ए-नफ़्स का मौक़ा देती थीं। नज़्मों में ही वह उन तरीक़ों के बारे में खुलकर बोलती हैं, बेशक थोड़ा घुमा–फिरा कर ही सही, जिसमें मर्द औरतों को अपनी मनमानी शक्ल में तराशने की कोशिश करता है। 'निकनेम' नज़्म में वह बड़े ही संजीदा अन्दाज़ में एक चुभती हुई बात कह डालती हैं जिसमें उनका महबूब उनसे गुड़िया के नाम से मुख़ातिब होता है :

तुम मुझको गुड़िया कहते हो
ठीक ही कहते हो
खेलने वाले सब हाथों को मैं गुड़िया ही लगती हूँ
जो पहना दो मुझपे सजेगा
मेरा कोई रंग नहीं

और एक दूसरी जगह, वह अपने जैसे रिवायती और दरम्यानी तबक़े में लड़कियों की तरबियत के बारे में बहुत ही सटीक तबसिरा करती हैं :

ख़ुदाया ये हम लड़कियाँ
कच्ची उम्रों से ही ख़्वाब क्यों देखना चाहती हैं

उनकी शायरी में लड़की बार-बार आती है। कभी उसे किसी मुतवाजेह महबूब से भरपूर मुहब्बत मिलती है तो कहीं वह अपने महबूब या साथी के रहम-ओ-करम पर रहती है जो उसके लिए बेपरवाही, बेअदबी, ओछापन या साफ़तौर पर बेवफ़ाई दिखाता है। महबूब की महसूस करती लड़की कभी तो बहादुर और जज़्बाती हो जाती है और कभी साबिर व गुस्ताख़। लेकिन, अक्सर, वह एक लड़की होती है, सिर्फ़ एक लड़की।

अपने सर्द कमरे में
मैं उदास बैठी हूँ
नीम–वा दरीचों में
नम हवाएँ आती हैं
मेरे जिस्म को छूकर
आग-सी लगाती हैं
तेरा नाम ले-ले कर
मुझको गुदगुदाती हैं
काश मेरे पर होते
तेरे पास उड़ आती
काश मैं हवा होती
तुझको छू के लौट आती
मैं नहीं मगर कुछ भी
संगदिल रिवाजों के
आहनी हिसारों में
उम्र-क़ैद की मुल्ज़िम
सिर्फ़ एक लड़की हूँ!

बेवफ़ाई, मर्दों और औरतों के बीच प्यार के उतार-चढ़ाव और रूमानियत से भरपूर चन्द रोज़ा मुहब्बत—ये सारे मज़मून ऐसे हैं जो परवीन शाकिर की शायरी में बार-बार आते हैं। लेकिन इसके बावजूद वे दोहराये गये या घिसे-पिटे नहीं लगते। यह है उर्दू ज़बान पर उनकी महारत, यह है उनका हुनर, शायरी के स्वरूप, ग़ज़ल और नज़्म दोनों पर उनका बेमिसाल इख़्तियार जिसमें वह इन अहम मज़मून का तफ़सील से बयाँ करने के लिए कुछ नयी कैफ़ियतों और नयी तश्बीह की तख़्लीक़ करने में कामयाब होती हैं। मुहब्बत में मायूसी और ज़िन्दगी से उनका मोहभंग, दोनों परवीन शाकिर की शायरी के ताने-बाने की मानिन्द चलते हैं। इनकी दानिशमन्दी और ख़ुद-आग़ाही इन्हें बहुत ज़्यादा जज़्बाती ख़याल बुनने से रोक देती है और इसकी बनिस्बत उनके हुनरमन्द हाथों में जाकर ये जज़्बात कहीं किसी ऐसे इन्सान, जो दिल टूटने से होने वाले दर्द को समझता हो, के दिल के तारों को छेड़कर मुहब्बत करने वाली नस्लों द्वारा गाये जाने वाले अमर तरानों की शक्ल इख़्तियार कर लेते हैं।

कीट्स, शेली और सिल्विया प्लैथ की तरह बहुत कम उम्र में ही परवीन शाकिर का इन्तक़ाल हो गया था। जॉन कीट्स की नज़्म 'ओड ऑन ए ग्रेशियन अर्न' (Ode On a Grecian Urn) में दिखाये गये जवान आशिक़ों की तरह परवीन शाकिर का नाम भी हमेशा हमारी यादों में बसा रहेगा—हमेशा जवान, हमेशा ख़ूबसूरत। हमेशा पुरजोश तरीक़े से तिलस्मी मुहब्बत की तलाश में भटकती। जिसे अच्छी तरह यह इल्म भी था कि इश्क़ में दर्द-ए-दिल और मायूसियों के सिवाय कुछ भी हासिल नहीं।

नयी दिल्ली

—डॉ. रख़्शंदा जलील

---

1. समाज, 1. पुरुष प्रधान, 3. सन्तुलित।

अनुक्रम

नज़्में

ग़ज़लें

नज़्में

ज़िद

मैं क्यूँ उस को फ़ोन करूँ!
उस के भी तो इल्म में होगा
कल शब[1]
मौसम की पहली बारिश थी!

1. रात।

एक्सटेसी

सब्ज़ मद्धम रौशनी में सुर्ख़ आंचल की धनक
सर्द कमरे में मचलती गर्म साँसों की महक
बाज़ुओं के सख़्त हल्क़े[1] में कोई नाज़ुक बदन
सिलवटें मल्बूस[2] पर आँचल भी कुछ ढलका हुआ
गर्मी–ए–रुख़्सार[3] से दहकी हुई ठण्डी हवा
नर्म ज़ुल्फ़ों से मुलायम उँगलियों की छेड़–छाड़
सुर्ख़ होंठों पर शरारत के किसी लम्हे का अक्स
रेशमी बाँहों में चूड़ी की कभी मद्धम खनक
शर्मगीं लहजों में धीरे से कभी चाहत की बात
दो दिलों की धड़कनों में गूँजती थी इक सदा
काँपते होंठों पे थी अल्लाह से सिर्फ़ इक दुआ
काश ये लम्हे ठहर जायें ठहर जायें ज़रा!

---

1. घेरे, 2. लिबास, 3. चेहरे की तपिश

जुदाई की पहली रात

आँख बोझल है
मगर नींद नहीं आती है
मेरी गर्दन में हमाइल[1] तिरी बाँहें जो नहीं
किसी करवट भी मुझे चैन नहीं पड़ता है
सर्द पड़ती हुई रात
माँगने आयी है फिर मुझसे
तिरे नर्म बदन की गर्मी
और दरीचों से झिझकती हुई आहिस्ता हवा
खोजती है मिरे ग़म–ख़ाने में
तेरी साँसों की गुलाबी ख़ुश्बू!
मेरा बिस्तर ही नहीं
दिल भी बहुत ख़ाली है
इक ख़ला है कि मिरी रूह में दहशत की तरह उतरा है
तेरा नन्हा सा वजूद
कैसे उस ने मुझे भर रक्खा था
तिरे होते हुए दुनिया से तअल्लुक़ की ज़रूरत ही न थी
सारी वाबस्तगियाँ[2] तुझ से थीं
तू मिरी सोच भी, तस्वीर भी और बोली भी
मैं तिरी माँ भी, तिरी दोस्त भी हम–जोली भी
तेरे जाने पे खुला
लफ़्ज़ ही कोई मुझे याद नहीं

बात करना ही मुझे भूल गया!
तू मिरी रूह का हिस्सा था
मिरे चारों तरफ
चाँद की तरह से रक़्साँ[3] था मगर
किस क़दर जल्द तिरी हस्ती ने
मिरे अतराफ़[4] में सूरज की जगह ले ली है
अब तिरे गिर्द मैं रक़्संदा[5] हूँ!
वक़्त का फैसला था
तिरे फ़र्दा[6] का रिफ़ाक़त[7] के लिए
मेरा इमरोज़[8] अकेला रह जाये
मिरे बच्चे, मिरे लाल
फ़र्ज़ तो मुझको निभाना है मगर
देख कि कितनी अकेली हूँ मैं!

---

1. घिरी हुई, लटकी हुई, 2. सम्पर्क, 3. नाचता, 4. चारों तरफ, 5. नृत्य रत, 6. भविष्य, 7. सानिध्य, 8. वर्तमान।

बुलावा

मैंने सारी उम्र
किसी मन्दिर में क़दम नही रक्खा
लेकिन जब से
तेरी दुआ में
मेरा नाम शरीक हुआ है
तेरे होंठों की जुम्बिश पर
मेरे अन्दर की दासी के उजले तन में
घण्टियाँ बजती रहती हैं!

फ़रोग़ फ़रख़-ज़ाद के लिए एक नज़्म

मुसाहिब–ए–शाह[1] से कहो कि
फ़क़ीह–ए–आज़म[2] भी आज तस्दीक़[3] कर गये हैं
कि फ़स्ल फिर से गुनाहगारों की पक गयी है
हुज़ूर की जुम्बिश–ए–नज़र[4] के
तमाम जल्लाद मुंतज़िर[5] हैं
कि कौन–सी हद जनाब जारी करें
तो तामील–ए–बन्दगी हो
कहाँ पे सर और कहाँ पे दस्तार उतारना अहसन–उल–अमल[6]
है
कहाँ पे हाथों कहाँ ज़बानों को क़त्अ[7] कीजिए
कहाँ पे दरवाज़ा रिज़्क़[8] का बन्द करना होगा
कहाँ पे आसाइशों[9] की भूखों को मार दीजे
कहाँ बटेगी लुआन की छूट
और कहाँ पर
रज़्म[9] के अहकाम[10] जारी होंगे
कहाँ पे नौ साला बच्चियाँ चहल[11] साला मर्दों के साथ
संगीन में पिरोने का हुक्म होगा
कहाँ पे इक़बाली मुलज़िमों को
किसी तरह शक का फ़ायदा हो
कहाँ पे मासूम दार[12] पर खींचना पड़ेगा

हुज़ूर अहकाम जो भी जारी करेंगे

फ़क़त इल्तिजा[13] ये होगी
कि अपने इरशाद–ए–आलिया[14] को
ज़बानी रखें
वगरना
क़ानूनी उलझनें हैं!

1. वर्तमान शासक, 2. धर्मगुरु, 3. पुष्टि, 4. नज़र की हरकत, 5. प्रतीक्षा में, 6. उचित, 7. काटना, 8. रोज़ी रोटी, 9. सुख चैन, 10. युद्ध, 11. हुक्म, 11. चालीस, 12. फाँसी, 13. प्रार्थना, 14. फ़रमानों।

इतना मालूम है!

अपने बिस्तर पे बहुत देर से मैं नीम–दराज़[1]
सोचती थी कि वो इस वक़्त कहाँ पर होगा
मैं यहाँ हूँ मगर उस कूचा–ए–रंग–ओ–बू में
रोज़ की तरह से वो आज भी आया होगा
और जब उसने वहाँ मुझको न पाया होगा?
आपको इल्म है वो आज नहीं आयी है?
मेरी हर दोस्त से उसने यही पूछा होगा
क्यूँ नहीं आयी वो क्या बात हुई है आख़िर
ख़ुद से इस बात पे सौ बार वो उलझा होगा
कल वो आयेगी तो मैं उससे नहीं बोलूँगा
आप ही आप कई बार वो रूठा होगा
वो नहीं है तो बुलन्दी का सफ़र कितना कठिन
सीढ़ियाँ चढ़ते हुए उसने ये सोचा होगा
राहदारी में हरे लॉन में फूलों के क़रीब
उसने हर सम्त मुझे आन के ढूँढ़ा होगा
नाम भूले से जो मेरा कहीं आया होगा
ग़ैर–महसूस तरीक़े से वो चौंका होगा
एक जुमले को कई बार सुनाया होगा
बात करते हुए सौ बार वो भूला होगा
ये जो लड़की नयी आयी है कहीं वो तो नहीं
उस ने हर चेहरा यही सोच के देखा होगा

जान–ए–महफ़िल है मगर आज फ़क़त मेरे बग़ैर
हाए किस दर्जा वही बज़्म में तन्हा होगा
कभी सन्नाटों से वहशत जो हुई होगी उसे
उसने बे–साख़्ता फिर मुझको पुकारा होगा
चलते चलते कोई मानूस[2] सी आहट पाकर
दोस्तों को भी किस उज़्र[3] से रोका होगा
याद करके मुझे नम हो गयी होंगी पलकें
''आँख में पड़ गया कुछ,'' कह के ये टाला होगा
और घबरा के किताबों में जो ली होगी पनाह
हर सतर[4] में मिरा चेहरा उभर आया होगा
जब मिली होगी उसे मेरी अलालत[5] की ख़बर
उसने आहिस्ता से दीवार को थामा होगा
सोच कर ये कि बहल जाये परेशानी–ए–दिल
यूँही बे–वज्ह किसी शख़्स को रोका होगा!
इत्तिफ़ाक़न मुझे उस शाम मिरी दोस्त मिली
मैंने पूछा कि सुनो आये थे वो? कैसे थे?
मुझको पूछा था मुझे ढूँढ़ा था चारों जानिब?
उसने इक लम्हे को देखा मुझे और फिर हँस दी
इस हँसी में तो वो तल्ख़ी थी कि इससे आगे
क्या कहा उसने मुझे याद नहीं है लेकिन
इतना मालूम है ख़्वाबों का भरम टूट गया!

---

1. आधी लेटी हुई, 2. परिचित, 3. बहाना, 4. पंक्ति, 5. बीमारी।

ताजमहल

संग–ए–मरमर की ख़ुनुक बाँहों में
हुस्न–ए–ख़्वाबीदा[1] के आगे मिरी आँखें शल[2] हैं
गुंग[3] सदियों के तनाज़ुर में कोई बोलता है
वक़्त जज़्बे के तराज़ू पे ज़र–ओ–सीम–ओ–जवाहिर[4] की
तड़प तोलता है!
हर नया चाँद को पत्थर वही सच कहते हैं
उसी लम्हे से दमक उठते हैं उनके चेहरे
जिस की लौ उम्र गये इक दिल–ए–शब–ज़ाद को महताब
बना आयी थी!
उसी महताब की इक नर्म किरन
साँचा–ए–संग[5] में ढल पायी तो
इश्क़ रंग–ए–अबदिय्यत[6] से सर–अफ़राज़ हुआ
क्या अजब नींद है
जिसको छू कर
जो भी आता है खुली आँख लिए आता है
सो चुके ख़्वाब–ए–अदब देखने वाले कब के
और ज़माना है कि उस ख़्वाब की ताबीर लिए जाग रहा
है अब तक!

---

1. सोया हुआ सौन्दर्य, 2. अपाहिज सी, 3. गूँगी, 4. सोना–चाँदी इत्यादि, 5. पत्थर का साँचा, 6. आदिकाल।

पज़ीराई

अभी मैंने दहलीज़ पर पाँव रक्खा ही था कि
किसी ने मिरे सर पे फूलों भरा थाल उल्टा दिया
मेरे बालों पे, आँखों पे, पलकों पे, होंठों पे
माथे पे, रुख़्सार पर
फूल ही फूल थे
दो बहुत मुस्कुराते हुए होंठ
मेरे बदन पर मोहब्बत की गुलनार मोहरों को यूँ सब्त[1] करते
चले जा रहे थे
कि जैसे अबद[2] तक
मिरी एक इक पोर का इन्तिसाब[3]
अपनी ज़ेबाई[4] के नाम लेकर रहेंगे
मुझे अपने अन्दर समोकर रहेंगे!

---

1. अंकित, 2. अनन्त, 3. समर्पण, 4. सुन्दरता, श्रृंगार।

निक-नेम

तुम मुझ को गुड़िया कहते हो
ठीक ही कहते हो!
खेलने वाले सब हाथों को मैं गुड़िया ही लगती हूँ
जो पहना दो मुझ पे सजेगा
मेरा कोई रंग नहीं
जिस बच्चे के हाथ थमा दो
मेरी किसी से जंग नहीं
सोचती जागती आँखें मेरी
जब चाहे बीनाई[1] ले लो
कूक भरे और बातें सुन लो
या मेरी गोयाई[2] ले लो
माँग भरो सिन्दूर लगाओ
प्यार करो आँखों में बसाओ
और फिर जब दिल भर जाये तो
दिल से उठा के ताक़ पे रख दो
तुम मुझ को गुड़िया कहते हो
ठीक ही कहते हो!

---

1. दृष्टि, 2. बोलने की शक्ति।

मसअला

"पत्थर की ज़बाँ"[1] की शाएरा ने
इक महफ़िल–ए–शेर–ओ–शायरी में
जब नज़्म सुनाते मुझको देखा
कुछ सोच के दिल में मुस्कुराई
जब मेज़ पर हम मिले तो उसने
बढ़कर मिरे हाथ ऐसे थामे
जैसे मुझे खोजती हो कब से
फिर मुझ से कहा कि आज, 'परवीन'!
जब शेर सुनाते तुमको देखा
मैं ख़ुद को बहुत ही याद आयी
वो वक़्त कि जब तुम्हारी सूरत
मैं भी यूँ ही शेर कह रही थी
लिखती थी इस तरह की नज़्में
पर अब तो वो सारी नज़्में ग़ज़लें
गुज़रे हुए ख़्वाब की हैं बातें!
मैं सब को डिसओन कर चुकी हूँ!

"पत्थर की ज़बाँ" की शाएरा के
चम्बेली से नर्म हाथ थामे
"ख़ुश्बू" की सफ़ीर[2] सोचती थी
दर–पेश हवाओं के सफ़र में

पल पल की रफ़ीक़–ए–राह[3] मेरे
अन्दर की ये सादा–लौह[4] 'ऐलिस'

हैरत की जमील[5] वादियों से
वहशत के मुहीब[6] जंगलों में
आयेगी तो उस का फूल–लहजा
क्या जब भी सबा–नफ़स[7] रहेगा?
वो ख़ुद को डिसओन कर सकेगी!

---

1. The reference here is to Fahmida Riyaz, 2. दूत, सन्देशवाहक, 3. हमसफ़र, 4. सरल, 5. सुन्दर, 6. भयानक, 7. शीतल कोमल

गए जनम की सदा

वो एक लड़की
कि जिससे शायद मैं एक पल भी नहीं मिली हूँ
मैं उसके चेहरे को जानती हूँ
कि उसका चेहरा
तुम्हारी नज़्मों तुम्हारी गीतों की चिलमनों से उभर रहा है
यक़ीन जानो
मुझे ये चेहरा तुम्हारे अपने वजूद से भी अज़ीज़–तर है
कि उसकी आँखों में
चाहतों के वही समुन्दर छुपे हैं
जो मेरी अपनी आँखों में मौजज़न[1] हैं
वो तुमको इक देवता बनाकर मिरी तरह पूजती रही है
उस एक लड़की का जिस्म
ख़ुद मेरा ही बदन है
वो एक लड़की
जो मेरे अपने गये जनम की मधुर सदा[2] है

---

1. लहराते, आवाज़।

चाँद रात

गये बरस की ईद का दिन क्या अच्छा था
चाँद को देख के उसका चेहरा देखा था
फ़ज़ा में 'कीट्स' के लहजे की नरमाहट थी
मौसम अपने रंग में 'फ़ैज़' का मिस्रा[1] था
दुआ के बे–आवाज़ उलूही लम्हों में
वो लम्हा भी कितना दिलकश लम्हा था
हाथ उठाकर जब आँखों ही आँखों में
उसने मुझको अपने रब से माँगा था
फिर मेरे चेहरे को हाथों में लेकर
कितने प्यार से मेरा माथा चूमा था!
हवा! कुछ आज की शब का भी अहवाल[2] सुना
क्या वो अपनी छत पर आज अकेला था?
या कोई मेरे जैसी साथ थी और उस ने
चाँद को देख के उसका चेहरा देखा था?

---

1. काव्य–पंक्ति, हाल चाल।

नहीं मेरा आँचल मैला है

नहीं मेरा आंचल मैला है
और तेरी दस्तार[1] के सारे पेच अभी तक तीखे हैं
किसी हवा ने इनको अब तक छूने की जुरअत[2] नहीं की है
तेरी उजली पेशानी[3] पर
गये दिनों की कोई घड़ी
पछतावा बन के नहीं फूटी
और मेरे माथे की सियाही[4]
तुझ से आँख मिलाकर बात नहीं कर सकती
अच्छे लड़के
मुझे न ऐसे देख
अपने सारे जुगनू सारे फूल
सँभाल के रख ले
फटे हुए आंचल से फूल गिर जाते हैं
और जुगनू
पहला मौक़ा पाते ही उड़ जाते हैं
चाहे ओढ़नी से बाहर की धूप कितनी ही कड़ी हो!

---

1. पगड़ी, साहस, हिम्मत, माथा, 4. कालिमा

एक दोस्त के नाम

लड़की!
ये लम्हे बादल हैं
गुज़र गये तो हाथ कभी नहीं आयेंगे
इनके लम्स[1] को पीती जा
क़तरा–क़तरा भीगती जा
भीगती जा तू जब तक इन में नमी है
और तिरे अन्दर की मिट्टी प्यासी है
मुझसे पूछ
कि बारिश को वापस आने का रस्ता कभी न याद हुआ
बाल सुखाने के मौसम अनपढ़ होते हैं!

1. स्पर्श

मुझे मत बताना

मुझे मत बताना
कि तुमने मुझे छोड़ने का इरादा किया था
तो क्यूँ
और किस वजह से
अभी तो तुम्हारे बिछड़ने का दुख भी नहीं कम हुआ
अभी तो मैं
बातों के वादों के शहर–ए–तिलिस्मात[1] में
आँख पर ख़ुश–गुमानी[2] की पट्टी लिए
तुमको पेड़ों के पीछे दरख़्तों के झुण्ड
और दीवार की पुश्त पर ढूँढ़ने में मगन हूँ
कहीं पर तुम्हारी सदा और कहीं पर तुम्हारी महक
मुझ पर हँसने में मसरूफ़[3] है
अभी तक तुम्हारी हँसी से नबर्द–आज़मा हूँ
और इस जंग में
मेरा हथियार
अपनी वफ़ा पर भरोसा है और कुछ नहीं
उसे कुन्द करने की कोशिश न करना

---

1. मायावी शहर, 2. भ्रम, 3. व्यस्त।

नये साल की पहली नज़्म

अन्देशों[1] के दरवाज़ों पर
कोई निशान लगाता है
और रातोंरात तमाम घरों पर
वही सियाही फिर जाती है
दुख का शबख़ूँ[2] रोज़ अधूरा रह जाता है
और शनाख़्त का लम्हा बीतता जाता है
मैं और मेरा शहर–ए–मोहब्बत
तारीकी[3] की चादर ओढ़े
रौशनी की आहट पर कान लगाये कब से बैठे हैं
घोड़ों की टापों को सुनते रहते हैं
हद–ए–समाअत[4] से आगे जाने वाली आवाज़ों के रेशम से
अपने रू–ए–सियाह[5] पे तारे काढ़ते रहते हैं
अँगुश्ताने[6] इक–इक कर के छलनी होने को आये
अब बारी अंगुश्त[7]–ए–शहादत की आने वाली है
सुबह से पहले वो कटने से बच जाये तो!

---

1. सन्देहों, 2. आक्रमण, 3. अन्धेरा, 4. श्रवण–शक्ति, सुनने की सीमा, 5. कालिख पुता चेहरा, 6. सिलाई–तुरपाई के समय उँगली पर पहना जाने वाला रक्षा–कवच, 7. उँगली।

आईना

लड़की सर को झुकाए बैठी
कॉफ़ी के प्याले में चमचा हिला रही है
लड़का हैरत और मोहब्बत की शिद्दत से पागल
लाँबी पलकों के लर्ज़ीदा[1] सायों को
अपनी आँख से चूम रहा है
दोनों मेरी नज़र बचाकर
इक दूजे को देखते हैं हँस देते हैं
मैं दोनों से दूर
दरीचे के नज़दीक
अपनी हथेली पर अपना चेहरा रखे
खिड़की से बाहर का मंज़र[2] देख रही हूँ
सोच रही हूँ
गये दिनों में हम यूँही हँसते थे

---

1. कम्पित, 2. दृश्य।

आज की शब तो किसी तौर गुज़र जायेगी

आज की शब तो किसी तौर गुज़र जायेगी
रात गहरी है मगर चाँद चमकता है अभी
मेरे माथे पे तिरा प्यार दमकता है अभी
मेरी साँसों में तिरा लम्स महकता है अभी
मेरे सीने में तिरा नाम धड़कता है अभी
ज़ीस्त[1] करने को मिरे पास बहुत कुछ है अभी
तेरी आवाज़ का जादू है अभी मेरे लिए
तेरे मल्बूस[2] की ख़ुश्बू है अभी मेरे लिए
तेरी बाँहें तिरा पहलू है अभी मेरे लिए
सब से बढ़कर मिरी जाँ तू है अभी मेरे लिए
ज़ीस्त करने को मिरे पास बहुत कुछ है अभी
आज की शब तो किसी तौर गुज़र जायेगी!
आज के ब'अद मगर रंग–ए–वफ़ा क्या होगा
इश्क़ हैराँ है सर–ए–शहर–ए–सबा[3] क्या होगा
मेरे क़ातिल तिरा अंदाज़–ए–जफ़ा[4] क्या होगा!
आज की शब तो बहुत कुछ है मगर कल के लिए
एक अंदेशा–ए–बेनाम[5] है और कुछ भी नहीं
देखना ये है कि कल तुझ से मुलाक़ात के ब'अद
रंग–ए–उम्मीद खिलेगा कि बिखर जायेगा
वक़्त पर्वाज़[6] करेगा कि ठहर जायेगा
जीत हो जायेगी या खेल बिगड़ जायेगा
ख़्वाब का शहर रहेगा कि उजड़ जायेगा।

---

1. ज़िन्दगी जीना, 2. लिबास, 3. मनमोहक शहर में, 4. यातना देने का ढंग, 5. बेनाम संशय, 6. उड़ान।

जिज़्या[1]

गुड़िया सी ये लड़की
जिस की उजली हँसी से
मेरा आँगन दमक रहा है
कल जब सात समुन्दर पार चली जायेगी
और साहिली शहर के सुर्ख़ छतों वाले घर के अन्दर
पूरे चाँद की रौशनी बनकर बिखरेगी
हम सब उसको याद करेंगे
और अपने अश्कों के सच्चे मोतियों से
सारी उम्र
इक ऐसा सूद उतारते जायेंगे
जिस का अस्ल भी हम पर क़र्ज़ नहीं था

1. टैक्स।

वाहिमा

तुम्हारा कहना है
तुम मुझे बे–पनाह शिद्दत से चाहते हो
तुम्हारी चाहत
विसाल की आख़िरी हदों तक
मिरे फ़क़त मेरे नाम होगी
मुझे यक़ीं है मुझे यक़ीं है
मगर क़सम खाने वाले लड़के!
तुम्हारी आँखों में एक तिल है!

ख़्वाब

खुले पानियों में घिरी लड़कियाँ
नर्म लहरों के छींटे उड़ाती हुई
बात–बे–बात हँसती हुई
अपने ख़्वाबों के शहज़ादों का तज़्किरा[1] कर रही थीं
जो ख़ामोश थीं
उनकी आँखों में भी मुस्कुराहट की तहरीर[2] थी
उनके होंठों को भी अन–कहे ख़्वाब का ज़ाइक़ा चूमता था!
आने वाले नये मौसमों के सभी पैरहन नीलमी[3] हो चुके थे!
दूर साहिल पे बैठी हुई एक नन्ही–सी बच्ची
हमारी हँसी और मौजों के आहंग[4] से बे–ख़बर
रेत से एक नन्हा घरौंदा बनाने मे मसरूफ़ थी
और मैं सोचती थी
ख़ुदा–या[5]! ये हम लड़कियाँ
कच्ची उम्रों से ही ख़्वाब क्यूँ देखना चाहती हैं।
ख़्वाब की हुक्मरानी में कितना तसलसुल[6] रहा है!

---

1. ज़िक्र, 2. लिखावट, 3. मनोरम, 4. उतार–चढ़ाव, 5. हे ईश्वर, 6. निरन्तरता।

फ़बे अय्ये आलाए रब्बिकमा तुकज़्ज़िबान[1]

दिल–अज़ारी[2] भी इक फ़न है
और कुछ लोग तो
सारी ज़िन्दगी इसी की रोटी खाते हैं
चाहे उन का बुर्ज[3] कोई हो
अक़रब[4] ही लगते हैं
तीसरे दर्जे के पीले अख़बारों पर ये
अपनी यर्क़ानी[5] सोचों से
और भी ज़र्दी मलते रहते हैं
माला बारी केबिन हों या पाँच सितारा होटल
कहीं भी क़य करने से बाज़ नहीं आते
ऊपर से इस अमल को
फ़िक़रे–बाज़ी कहते हैं
जिसका पहला निशाना उमूमन
बिल को अदा करने वाला साथी होता है!
अपने अपने कुयें को बहर–ए–आज़म[6] कहने और समझने वाले
ये नन्हे मेंढक
हर हाथी को देख के फूलने लगे हैं
और जब फटने वाले हों तो
हाथी की आँखों पर फबती कसने लगते हैं
कव्वे भी अण्डे खाने के शौक़ को अपने
फ़ाख़्ता[7] के घर जाकर पूरा करते हैं

लेकिन ये वो साँप हैं जो कि
अपने बच्चे

ख़ुद ही चट कर जाते हैं
कभी–कभी मैं सोचती हूँ कि
साँपों की ये ख़सलत[8]
मालिक–ए–जिंन–ओ–इन्स[9] की, इन्सानों के हक़ में
कैसी बे–पायाँ[10] रहमत है!

---

1. A Verse from the Holy Quran, Surah Rahman, which means "Then which of the favours of your Lord will ye deny?", 2. दुखी रहना, 3. मण्डल, 4. क़रीबी, 5. पीलिया ग्रस्त, 6. महासागर, 7. कबूतर, 8. स्वभाव, नेचर, 9. सभी जीव–जन्तुओं के ईश्वर, 10. असीम।

ए'तिराफ़

जाने कब तक तिरी तस्वीर निगाहों में रही
हो गयी रात तिरे अक्स को तकते–तकते
मैंने फिर तेरे तसव्वुर के किसी लम्हे में
तेरी तस्वीर पे लब रख दिये आहिस्ता से!

शगून

सात सुहागनें और मेरी पेशानी!
सदल की तहरीर
भला पत्थर के लिखे को क्या धोयेगी
बस इतना है
जज़्बे की पूरी नेकी से
सबने अपने–अपने ख़ुदा का इस्म[1] मुझे दे डाला है
और ये सुनने में आया है
शाम ढले जंगल के सफ़र में
इस्म बहुत काम आते हैं!

---

1. साया।

ड्यूटी

जान
मुझे अफ़सोस है

तुमसे मिलने शायद इस हफ़्ते भी न आ सकूँगा
बड़ी अहम मजबूरी है

जान
तुम्हारी मजबूरी को
अब तो मैं भी समझने लगी हूँ
शायद इस हफ़्ते भी
तुम्हारे चीफ़ की बीवी तन्हा होगी

ख़ुद से मिलने की फुरसत किसे थी

अपनी पिंदार[1] की किर्चियाँ
चुन सकूँगी
शिकस्ता[2] उड़ानों के टूटे हुए पर समेटूँगी
तुझ को बदन की इजाज़त से रुख़सत करूँगी
कभी अपने बारे में इतनी ख़बर ही न रक्खी थी
वरना बिछड़ने की ये रस्म कब की अदा हो चुकी होती
मिरा हौसला
अपने दिल पर बहुत क़ब्ल[3] ही मुन्कशिफ़[4] हो गया होता
लेकिन यहाँ
ख़ुद से मिलने की फुरसत किसे थी!

---

1. स्वाभिमान, 2. थकी–हारी, 3. पहले, 4. ज़ाहिर, प्रकट।

एक मंज़र

कच्चा सा इक मकाँ कहीं आबादियों से दूर
छोटा–सा एक हुज्रा[1] फ़राज़–ए–मकान[2] पर

सब्ज़े से झाँकती हुई खपरेल वाली छत
दीवार–ए–चोब पर कोई मौसम की सब्ज़ बेल

उतरी हुई पहाड़ पे बरसात की वो रात
कमरे में लालटेन की हल्की–सी रौशनी

वादी में घूमता हुआ बारिश का जल–तरंग
साँसों में गूँजता हुआ इक अन–कही का भेद!

---

1. कोठरी, 2. मकान के ऊपर।

सिर्फ़ एक लड़की

अपने सर्द कमरे में
मैं उदास बैठी हूँ
नीम–वा दरीचों[1] से
नम हवाएँ आती हैं
मेरे जिस्म को छू कर
आग सी लगाती हैं
तेरा नाम ले–लेकर
मुझको गुदगुदाती हैं
काश मेरे पर होते
तेरे पास उड़ आती
काश मैं हवा होती
तुझ को छू के लौट आती
मैं नहीं मगर कुछ भी
संग[2] दिल रिवाजों के
आहनी हिसारों[3] में
उम्र–क़ैद की मुल्ज़िम
सिर्फ़ एक लड़की हूँ!

---

1. अधखुली खिड़कियों, 2. पत्थर, 3. नज़र–बन्दी।

तक़य्या

सो अब ये शर्त–ए–हयात[1] ठहरी
कि शहर के सब नजीब[2] अफ़राद[3]
अपने–अपने लहू की हुरमत[4] से मुन्हरिफ़[5] हो के जीना सीखें
वो सब अक़ीदे[6] कि इन घरानों में
उन की आँखों के रंगों की तरह तसलसुल[7] से चल रहे थे
सुना है बातिल[8] क़रार पाये
वो सब वफ़ादारियाँ कि जिन पर लहू के वा'दे हलफ़ हुए थे
वो आज से मस्लहत[9] की घड़ियाँ शुमार होंगी
बदन की वाबस्तगी का क्या ज़िक्र
रूह के अहद–नामे[10] तक फ़स्ख़[11] माने जायें
ख़मोशी–ओ–मस्लहत–पसन्दी में ख़ैरियत है
मगर मिरे शहर–ए–मुन्हरिफ़ में
अभी कुछ ऐसे ग़य्यूर–ओ–सादिक़[12] ब–क़ैद–ए–जाँ हैं
कि हर्फ़–ए–इन्कार जिन की क़िस्मत नहीं बना है
सो हाकिम–ए–शहर जब भी अपने ग़ुलाम–ज़ादे
उन्हें गिरफ़्तार करने भेजे
तो साथ में एक–एक का शजरा–ए–नस्ब[13] भी रवाना करना
और उन के हमराह सर्द पत्थर में चुनने देना
कि आज से जब

हज़ार–हा[14] साल बा'द हम भी
किसी ज़माने के टेक्सला या हड़प्पा बनकर तलाशे जायें
तो उस ज़माने के लोग
हम को
कहीं बहुत कम–नसब[15] न जानें

---

1. जीने की शर्त, 2. कुलीन, 3. व्यक्ति, 4. लाली, 5. विमुख, 6. धारणायें, 7. निरन्तरता, 8. ग़लत, 9. अच्छाई, 10. ऐफ़िडेविट, 11. रद्द, 12. अच्छे और सच्चे, 13. वंशावली, 14. हज़ारो, 15. छोटी जाति के।

ओथेलो

अपने फ़ोन पे अपना नम्बर
बार–बार डायल करती हूँ
सोच रही हूँ
कब तक उस का टेलीफ़ोन इंगेज रहेगा
दिल कुढ़ता है
इतनी–इतनी देर तलक
वो किस से बातें करता है!

वही नर्म लहजा

वही नर्म लहजा
जो इतना मुलायम है जैसे
धनक गीत बन के समाअ'त को छूने लगी हो
शफ़क़[1] नर्म कोमल सुरों में कोई प्यार की बात कहने चली हो
किस क़दर रंग–ओ–आहंग[2] का किस क़दर ख़ूबसूरत सफ़र

वही नर्म लहजा
कभी अपने मख़्सूस अन्दाज़ में मुझसे बातें करेगा
तो ऐसा लगे
जैसे रेशम के झूले पे कोई मधुर गीत हलकोरे लेने लगा हो

वही नर्म लहजा
किसी शोख़ लम्हे में उस की हँसी बन के बिखरे
तो ऐसा लगे
जैसे क़ौस–ए–क़ुज़ह[3] ने कहीं पास ही अपनी पाज़ेब छनकाई है
हँसी की वो रिम–झिम
कि जैसे फ़ज़ा में बनफ़्शी चमकदार बूँदों के घुँघरू छनकने लगे हों
कि फिर
उस की आवाज़ का लम्स पा के
हवाओं के हाथों में अन–देखे कंगन खनकने लगे हों

वही नर्म लहजा
मुझे छेड़ने पर जब आये
तो ऐसा लगेगा
जैसे सावन की चँचल हवा
सब्ज़ पत्तों की झाँझर पहन
सुर्ख़ फूलों की पायल बजाती हुई
मेरे रुख़्सार को
गाहे गाहे शरारे से छूने लगे
मैं जो देखूँ पलट के तो वो
भाग जाये मगर
दूर पेड़ों में छुपकर हँसे
और फिर नन्हे बच्चों की मानिंद ख़ुश हो के ताली बजाने लगे

वही नर्म लहजा
कि जिस ने मिरे ज़ख़्म–ए–जाँ पे हमेशा शगुफ़्ता[4] गुलाबों
की शबनम रखी है
बहारों के पहले परिन्दे की मानिन्द है
जो सदा आने वाले नए सुख के मौसम का क़ासिद[5] बना है

उसी नर्म लहजे ने फिर मुझ को आवाज़ दी है

---

1. सुबह की लाली, 2. वैविध्य, 3. इन्द्रधनुष, 4. खिले हुए, 5. सन्देश वाहक, दूत।

ज़ूद-पशेमान

गहरी भूरी आँखों वाला इक शहज़ादा
दूर देस से
चमकीले मुश्की घोड़े पर हवा से बातें करता
जिगर–जिगर करती तलवार से जंगल काटता आया
दरवाज़ों से लिपटी बेलें परे हटाता
जंगल की बाँहों में जकड़े महल के हाथ छुड़ाता
जब अन्दर आया तो देखा
शहज़ादी के जिस्म की सारी सूइयाँ ज़ंग–आलूदा[1] थीं
रस्ता देखने वाली आँखें
सारे शिकवे भुला चुकी थीं!

1. ज़ंग खाई हुईं।

मशवरा

नन्ही लड़की
साहिल के इतने नज़दीक
रेत से अपने घर न बना
कोई सरकश मौज इधर आयी तो
तेरे घर की बुनियादें तक बह जायेंगी
और फिर उन की याद में तू
सारी उम्र उदास रहेगी!

वो बाग़ में मेरा मुन्तज़िर था

वो बाग़ में मेरा मुन्तज़िर[1] था
और चाँद तुलू'अ[2] हो रहा था
ज़ुल्फ़–ओ–शब–ए–वस्ल[3] खुल रही थी
ख़ुश्बू साँसों में घुल रही थी
आयी थी मैं अपने पी से मिलने
जैसे कोई गुल हवा से खिलने
इक उम्र के ब'अद मैं हँसी थी
ख़ुद पर कितनी तवज्जोह दी थी!
पहना गहरा बसन्ती जोड़ा
और इत्र–ए–सुहाग में बसाया
आईने में ख़ुद को फिर कई बार
उसकी नज़रों से मैंने देखा
संदल से चमक रहा था माथा
चन्दन से बदन महक रहा था
होंठों पे बहुत शरीर[4] लाली
गालों पे गुलाल खेलता था
बालों में पिरोये इतने मोती
तारों का गुमान हो रहा था
अफ़शाँ[5] की लकीर माँग में थी
काजल आँखों में हँस रहा था
कानों में मचल रही थी बाली

बाँहों से लिपट रहा था गजरा
और सारे बदन से फूटता था
उसके लिए गीत जो लिखा था!
हाथों में लिए दिए की थाली
उस के क़दमों में जा के बैठी
आयी थी कि आरती उतारूँ
सारे जीवन को दान कर दूँ!
देखा मिरे देवता ने मुझको
ब'अद इसके ज़रा–सा मुस्कुराया
फिर मेरे सुनहरे थाल पर हाथ
रक्खा भी तो इक दिया उठाया
और मेरी तमाम ज़िन्दगी से
माँगी भी तो एक शाम माँगी

---

1. इन्तज़ार में, 2. उदय, 3. जुल्फ़ और मिलन की रात, 4. चटकीली, 5. चमकीली।

वर्किंग वुमन

सब कहते हैं
कैसे गुरूर[1] की बात हुई है
मैं अपनी हरियाली को ख़ुद अपने लहू से सींच रही हूँ
मेरे सारे पत्तों की शादाबी[2]
मेरी अपनी नेक कमाई है
मेरे एक शिगूफ़े पर भी
किसी हवा और किसी बारिश का बाल बराबर क़र्ज़ नहीं है
मैं जब चाहूँ खिल सकती हूँ
मेरा सारा रूप, मिरी अपनी दरयाफ़्त[3] है
मैं अब हर मौसम से सर ऊँचा करके मिल सकती हूँ
एक तनावर पेड़ हूँ अब मैं
और अपनी ज़रख़ेज़[4] नुमू[5] के सारे इम्कानात[6] को भी पहचान रही हूँ
लेकिन मेरे अन्दर की ये बहुत पुरानी बेल
कभी–कभी जब तेज़ हवा हो
किसी बहुत मज़बूत शजर[7] के तन से लिपटना चाहती है!

---

1. गर्व, 2. हरियाली, 3. खोज, 4. उपजाऊ, 5. विकास, 6. सम्भावनाएँ, 7. पेड़।

कन्यादान

बाल संदल के पानी में भीगे हुए
जिस्म चन्दन के मस[1] से दमकता हुआ
आँख ख़्वाबों की अफ़्शाँ[2] से बोझल बहुत
होंठ पर अनकही का मज़ा!
गोरी–गोरी कलाई से लिपटी हुई मोतियों की लड़ी
सुर्ख़ ज़रतार[3] जोड़े में सिमटी हुई एक कच्ची कली
गाहे–गाहे[4] झलकती हुई मोहनी शक्ल वो चाँद सी
चूड़ियों की खनक
और पायल की छन–छन से छनती हुई
कैसी प्यारी हँसी
तिस पे सखियों की वो छेड़ कि
आईने से भी नज़रें मिलाई नहीं जा सकें!
शामियाने की परली तरफ़
वक़्त के जब्र के सामने
चुप खड़ी मामता–
जिसके चारों तरफ़
तश्ना[5] होंठों, गुरस्न:[6] निगाहों, लटकती ज़बानों, बदनगीर
गुर्राहटों का अजब ग़ोल[7] है

और इसी ग़ोल से
अपनी नाज़ों की पाली की ख़ातिर
बड़े सब्र से
एक मजबूर हिरनी की सूरत वो चुन लाई है
इक ज़रा कम–ज़रर[8] भेड़िया!

---

1. स्पर्श, 2. सुनहरा–चूर्ण, 3. सोने के तार से बना, 4. रह–रहकर, 5. प्यासे, 6. भूखी, 7. भीड़, 8. कम आघात पहुँचाने वाला।

बारिशों की कुछ नज़्में

(1)

नवेद[1] कोई बनाम–ए–मौसम
न तहनियत[2] कोई चश्म–ए–नम[3] को
न मुस्कराने का था सबब कुछ
मगर मिले तो
ख़ुशी छुपाये न छुप रही थी
हम अपनी आवाज़ सुनके हैरान हो रहे थे
हमारे लहजे में
रातभर होने वाली बारिश खनक रही थी!

(2)

पैरों की मेहँदी मैंने किस मुश्किल से छुड़ाई थी
और फिर बैरन ख़ुशबू की
कैसी–कैसी बिनती की थी
प्यारी धीरे बोल
भरा घर जाग उठेगा
लेकिन जब उसके आने की घड़ी हुई
सुबह से ऐसी झड़ी लगी
उम्र में पहली बार मुझे
बारिश अच्छी नहीं लगी!

(3)

बारिश अब से पहले भी कई बार हुई थी
क्या इस बार मेरे रंगरेज़ ने चुनरी कच्ची रंगी थी
या तन का ही कहना सच कि
रंग तो उसके होंठों में था!

(4)

बारिश में क्या तन्हा भीगना लड़की!
उसे बुला जिसकी चाहत में
तेरा तन–मन भीगा है
प्यार की बारिश से बढ़कर क्या बारिश होगी
और जब उस बारिश के बाद
हिज्र[4] की पहली धूप खिलेगी
तुझ पर रंग के इस्म[5] खुलेंगे

---

1. निमन्त्रण, 2. बधाई, 3. भीगी हुई आँख, 4. विरह, 5. जादू।

गंगा से

जुग बीते
दज्लः[1] से एक भटकी हुई लहर
जब तेरे पवित्र चरणों को छूने आयी तो
तेरी ममता ने अपनी बाँहें फैला दीं
और तेरे हरे किनारों पर तब
अनानास और कटहल के झुण्ड में घिरे हुए
खपरैलों वाले घरों के आँगन में किलकारियाँ गूँजी
मेरे पुरखों की खेती शादाब[2] हुई
और शगन[3] के तेल ने दिये की लौ को ऊँचा किया
फिर देखते–देखते
पीले फूलों और सुनहरी दियों की जोत
तिरे[4] फूलों वाले पुल की क़ौस[5] से होती हुई
मेहराब की ओर तक पहुँच गयी
मैं उसी जोत की नन्ही किरन
फूलों का थाल लिए तेरे क़दमों में फिर आ बैठी हूँ
और तुझसे अब बस एक दिये की तालिब[6] हूँ
यूँ अन्त समय तक तेरी जवानी हँसती रहे
पर ये शादाब हँसी

कभी तेरे किनारों के लब से
इतनी न छलक जाये
कि मेरी बस्तियाँ डूबने लग जायें
गंगा प्यारी!

---

1. दरिया, एक नदी जो बग़दाद के नीचे बहती है, 2. पुलकित, 3. शकुन, 4. तेरे, 5. धनुष, 6. इच्छुक।

सुबह

सुब्ह–ए–विसाल[1] की पौ फटती है
चारों ओर
मधमाती[2] भोर की नीली ठण्डक फैल रही है
शगुन का पहला परिन्दा[3]
मुँडेर पर आकर
अभी–अभी बैठा है
सब्ज़[4] किवाड़ों के पीछे एक सुर्ख़ कली मुस्काई
पाज़ेबों[5] की गूँज फ़ज़ा में लहराई
कच्चे रंगों की साड़ी में
गीले बाल छिपाये गोरी
घर का सारा बाजरा आँगन में ले आयी!

---

1. मिलन की सुबह, 2. मदमाती, 3. पक्षी, 4. हरे, 5. पायल।

बेपनाही[1]

किसी और के बाज़ूओं में सिमटकर
तुझे सोचना
किस क़दर मुन्फ़रिद[2] तजुर्बा था!
ये एहसास ही किस क़दर जानलेवा है जानाँ!
कि ऐसी जगह, इस ख़ुनुकज़ार[3] में
मेरे तन पर फिसलती हुई शबनमी हिद्दतें[4]
तेरी लज़्ज़तफ़िशाँ[5] उँगलियों से गर फूटतीं
तो मिरे[6] जिस्म की एक–एक पोर तब किस तरह जगमगाती
तिरे रोशनी–आशना[7] हाथ कैसे भटकते

---

1. विवशता, 2. अलग, 3. बर्फ़ीली जगह, 4. गर्मी, 5. आनन्ददायक, 6. मेरे, 7. रोशनी पहचानने वाले।

सलमा कृष्ण

तू है राधा अपने कृष्ण की
तिरा कोई भी होता नाम
मुरली तिरे भीतर बाजती
किस बन करती बिसराम
या कोई सिंहासन बिराजती
तुझे खोज ही लेते श्याम
जिस संग भी फेरे डालती
संजोग में थे घनश्याम
क्या मोल तू मन का माँगती
बिकना था तुझे बेदाम
बंसी की मधुर तानों से
बसना था ये सूना धाम
तिरा रंग भी कौन–सा अपना
मोहन का भी एक ही काम
गिरधर आके भी गये और
मन–माला है वही नाम
जोगन का पता भी क्या हो
कब सुब्ह हुई कब शाम!

सजदा

जिस्म की चाह में
आतिश–ए–लम्स[1] से जब रग–ए–जाँ[2] चटख़ने लगे
और मन–ओ–तू[3] के माबैन[4]
इक बाल से बढ़के बारीक लम्हा भी आख़िर बिखरने लगे
उस समय
सिर्फ़ मेरी निगाहों का दुख देखकर
हर तलब की ज़बाँ काट देना
तुम्हारी बड़ाई है
और इस बड़ाई के आगे
मेरे लब अभी तक तुम्हारे नुकूश–ए–क़दम[5] पर झुके हैं!

---

1. स्पर्श की आग, 2. मुख्य रग जो दिल में पहुँचती है, 3. मैं और तू, 4. बीच में, 5. पदचिह्न।

तावान[1]

गुल–ए–अनार की हल्की गुलाबी छाँव में बैठ के
कॉफ़ी बनाना
मुझे भी अच्छा लगता है
लेकिन ऐसा करते हुए
मेरी झुकी हुई पलकें
तुझसे जो रंग छिपाती हैं
वह उस छाँव के रंग से बढ़कर गहरा है!

1. क्षतिपूर्ति।

गूँज

ऊँचे पहाड़ में गुम होती पगडण्डी पर
खड़ा हुआ नन्हा चरवाहा
बकरी के बच्चे को फिसलते देखके
कुछ इस तरह हँसा है
वादी की हर दर्ज़[1] से झरने फूट रहे हैं!

---

1. दरार।

जीवन-साथी से!

धूप मे बारिश होते देख के
हैरत करने वाले!
शायद तूने मेरी हँसी को
छूकर
कभी नहीं देखा!

नयी आँख का पुराना ख़्वाब

आतिशदान के पास
गुलाबी हिद्दत[1] के हाले[2] में सिमटकर
तुमसे बातें करते हुए
कभी–कभी तो ऐसा लगा है
जैसे ओस में भीगी घास पे
उसके बाज़ू थामे हुए
मैं फिर नींद में चलने लगी हूँ!

---

1. गर्मी, 2. घेरा।

एक कोहिस्तानी[1] अल्मिया[2]

बादल इतने पास–
हाथ बढ़ाकर छू लें!
पानी इतनी दूर–
हाथ कटाकर भी कुछ हाथ न आये!

1. पहाड़ी, 2. त्रासदी।

इस्म[1]

बहुत प्यार से
बाद मुद्दत के
जबसे किसी शख़्स ने चाँद कहकर बुलाया है
तब से
अँधेरों की ख़ूगर[2] निगाह को
हर रोशनी अच्छी लगने लगी है!

---

1. जादू, 2. आदी।

छतनार

ऐ रे पेड़, तेरे कितने पात
इतने
जितने गगन में तारे
या जितने बन में फूल
जितनी सागर की लहरें
जितनी मेरी माँग की धूल?
तेरी सुन्दर हरियाली का ओर न छोर कोई
जग की धूप तेरी छाया से छोटी है
मैं तेरे साये में जैसे–जैसे सिमटती जाऊँ
अपने दुखते माथे, जलती आत्मा पर से शबनम चुनती जाऊँ
ऐ रे पेड़, तेरे कितने हात[1]?

---

1. हाथ।

A Wman's Pride

उसकी हथेली पर मेरे आँसू
कितने अच्छे लगते हैं
जैसे सुब्ह–सवेरे
कँवल की पंखुड़ियाँ
शबनम से जगमग करती हों
मोती जैसी शबनम
फूल की आँखों में जाकर हीरे की कनी बन जाती है
क़तरा–क़तरा दिल करता है
ख़ुशबू धीरे–धीरे तन में फैलाती है
शबनम फूल के रंग में आख़िर रंग जाती है
नन्हे–नन्हे चिराग़ों की लौ बढ़ती है तो
उसका चेहरा पहले से बढ़कर रोशन लगने लगता है
उसकी आँखों में मेरे आँसू
कितने अच्छे लगते हैं!

कत्बः[1]

यहाँ पे वो लड़की सो रही है
कि जिसकी आँखों ने नींद से ख़्वाब मोल लेकर
विसाल[2] की उम्र रतजगे में गुज़ार दी थी
अजीब था इन्तज़ार उसका
कि जिसने तक़दीर के तुनुक–हौसला[3] महाजन के हाथ
बस इक दरीचा'–ए–नीमबाज़[4] के सुख पे
शहर का शहर रहन करवा दिया था
लेकिन वो इक तारा
कि जिसकी किरनों के मान पर
चाँद से हरीफ़ाना[5] कशमकश थी
जब उसके माथे पे खुलने वाला हुआ
तो उस पल
सपेदा–ए–सुब्ह[6] भी नमूदार[7] हो चुका था
फ़िराक़[8] का लम्हा आ चुका था!

---

1. शिलालेख, 2. मिलन, 3. डरपोक, 4. अधखुली खिड़की, 5. प्रतियोगियों–जैसी, 6. सुबह का उजाला, 7. प्रकट होना, 8. विरह।

हनीमून

सुर्ख़ अंगूर से छनी हुई ये सर्द हवा
जिसको क़तरा–क़तरा पीकर
मेरे तन की प्यासी शाख़ के सारे पीले फूल गुलाबी होने लगे हैं
सोच के पत्थर पे ऐसी हरियाली उग आयी है
जैसे इनका और बारिश का बड़ा पुराना साथ रहा हो
हरियाली के सब्ज़ नशे में डूबी ख़ुशबू
मेरी आँखें चूम रही है
ख़ुशबू के बोसों[1] से बोझल मेरी पलकें
ऐसे बन्द हुई जाती हैं
जैसे सारी दुनिया इक गहरा नीला सय्याल[2] है
जो पाताल से मुझको अपनी जानिब[3] खींच रहा है
और मैं तन के पूरे सुख से
इस पाताल की पहनाई[4] में
धीरे–धीरे डूब रही हूँ!

1- चुम्बन, 2. तरल, 3. ओर, 4. विस्तार।

गीले बालों से छनता सूरज

शोख़ किरन ने
गीले रेशम बालों को जिस लम्हा[1] छुआ
बेसाख़्ता[2] हँस दी
पलकों तक आते–आते
सूरज की हँसी भी
गोरी की मुस्कान की सूरत
सात रंग में भीग चुकी थी!

---

1. क्षण, 2. अनायास।

शरारत

झाग उड़ाता चश्मा[1]
मेरे बाल भिगो कर
दूर कहीं जा निकला है
लेकिन उसकी शोख़ी अब तक
मेरी माँग से मोती बनकर
क़तरा–क़तरा टपक रही है!

1. झरना।

तसल्ली

अब जब के मैं अपने आप पे
शहर–ए–वफ़ा का हर दरवाज़ा
अपने हाथों बन्द कर आयी,
और उनमें हर एक की चाबी
सब्ज़ आँखों वाले निस्यान[1] के सर्द समन्दर में फेंक आयी हूँ
डरा–डरा सा ये एहसास भी
कितनी ठण्डक देता है
ज़िन्द की ऊँची दीवार से दूर
पुराने शहर की इक छोटी–सी–गली में
एक दरीचा
मेरे नाम पे खुला रहेगा!

---

1. विस्मृति।

ग़ज़लें

टिप्पणी

चलने का हौसला नहीं रुकना मुहाल कर दिया

चलने का हौसला नहीं रुकना मुहाल कर दिया
इश्क़ के इस सफ़र ने तो मुझको निढाल कर दिया

ऐ मिरी गुल–ज़मीं तुझे चाह थी इक किताब की
अहल–ए–किताब[1] ने मगर क्या तिरा हाल कर दिया

मिलते हुए दिलों के बीच और था फ़ैसला कोई
उसने मगर बिछड़ते वक़्त और सवाल कर दिया

अब के हवा के साथ है दामन–ए–यार मुन्तज़िर
बानू–ए–शब के हाथ में रखना सँभालकर दिया

मुमकिना फ़ैसलों में एक हिज्र का फ़ैसला भी था
हम ने तो एक बात की उस ने कमाल कर दिया

मेरे लबों पे मोहर थी पर मेरे शीशा–रू ने तो
शहर–के–शहर को मिरा वाक़िफ़–ए–हाल कर दिया

चेहरा ओ नाम एक साथ आज न याद आ सके
वक़्त ने किस शबीह[2] को ख़्वाब ओ ख़्याल कर दिया

मुद्दतों बाद उसने आज मुझसे कोई गिला किया
मंसब–ए–दिलबरी[3] पे क्या मुझ को बहाल कर दिया

---

1. साहित्यकारों, 2. चित्र, 3. प्रेम के पद।

कू-ब-कू फैल गयी बात शनासाई की

कू–ब–कू[1] फैल गयी बात शनासाई[2] की
उसने ख़ुशबू की तरह मेरी पज़ीराई[3] की

कैसे कह दूँ कि मुझे छोड़ दिया है उसने
बात तो सच है मगर बात है रुसवाई[4] की

वो कहीं भी गया लौटा तो मिरे पास आया
बस यही बात है अच्छी मिरे हरजाई की

तेरा पहलू तिरे दिल की तरह आबाद रहे
तुझ पे गुज़रे न क़यामत शब–ए–तन्हाई[5] की

उसने जलती हुई पेशानी पे जब हाथ रखा
रूह तक आ गयी तासीर मसीहाई की

अब भी बरसात की रातों में बदन टूटता है
जाग उठती हैं अजब ख़्वाहिशें अंगड़ाई की

---

1. चारों तरफ़, 2. प्रेम, 3. स्वीकृति, 4. बदनामी, 5. तनहाई की रात।

क्या करे मेरी मसीहाई भी करने वाला

क्या करे मेरी मसीहाई भी करने वाला
ज़ख़्म ही ये मुझे लगता नहीं भरने वाला

ज़िन्दगी से किसी समझौते का बा–वस्फ़ अब तक
याद आता है कोई मारने मरने वाला

उसको भी हम तिरे कूचे में गुज़ार आये हैं
ज़िन्दगी में वो जो लम्हा था सँवरने वाला

उस का अंदाज़–ए–सुख़न[1] सब से जुदा था शायद
बात लगती हुई लहजा वो मुकरने वाला

शाम होने को है और आँख में इक ख़्वाब नहीं
कोई इस घर में नहीं रोशनी करने वाला

दस्तरस[3] में हैं अनासिर[3] के इरादे किसके
सो बिखर के ही रहा कोई बिखरने वाला

इसी उम्मीद पे हर शाम बुझाये हैं चराग़
एक तारा है सर–ए–बाम उभरने वाला

---

1. बातचीत का ढंग, 2. क़ाबू, 3. इन्द्रियाँ, पंचतत्व।

वो तो ख़ुशबू है हवाओं में बिखर जायेगा

वो तो ख़ुशबू है, हवाओं में बिखर जायेगा
मसअला फूल का है फूल किधर जायेगा

हम तो समझे थे कि इक ज़ख़्म है भर जायेगा
क्या ख़बर थी कि रग–ए–जाँ में उतर जायेगा

वो हवाओं की तरह ख़ाना–ब–जाँ फिरता है
एक झोंका है जो आयेगा गुज़र जायेगा

वो जब आयेगा तो फिर उसकी रिफ़ाक़त[1] के लिए
मौसम–ए–गुल[2] मिरे आँगन में ठहर जायेगा

आख़िरश वो भी कहीं रेत पे बैठी होगी
तेरा ये प्यार भी दरिया है उतर जायेगा

मुझको तहज़ीब के बर्ज़ख़[3] का बनाया वारिस
जुर्म ये भी मिरे अज्दाद[4] के सर जायेगा

---

1. सानिध्य, 2. बहार का मौसम, 3. विरोधाभासों, 4. पूर्वजों।

अब भला छोड़ के घर क्या करते

अब भला छोड़ के घर क्या करते
शाम के वक़्त सफ़र क्या करते

तेरी मसरूफ़ियतें जानते हैं
अपने आने की ख़बर क्या करते

जब सितारे ही नहीं मिल पाये
ले के हम शम्स–ओ–क़मर[1] क्या करते

वो मुसाफ़िर ही खुली धूप का था
साए फैला के शजर[2] क्या करते

ख़ाक ही अव्वल ओ आख़िर ठहरी
करके ज़र्रे को गुहर[3] क्या करते

राय पहले से बना ली तू ने
दिल में अब हम तिरे घर क्या करते

इश्क़ ने सारे सलीक़े बख़्शे
हुस्न से कस्ब–ए–हुनर[4] क्या करते

---

1. सूरज व चाँद, 2. वृक्ष, 3. मोती, 4. हुनर सीखना।

रस्ता भी कठिन धूप में शिद्दत भी बहुत थी

रस्ता भी कठिन धूप में शिद्दत भी बहुत थी
साये से मगर उसको मोहब्बत भी बहुत थी

ख़ेमे न कोई मेरे मुसाफ़िर के जलाये
ज़ख़्मी था बहुत पाँव मसाफ़त[1] भी बहुत थी

सब दोस्त मिरे मुन्तज़िर–ए–पर्दा–ए–शब थे
दिन में तो सफ़र करने में दिक़्क़त भी बहुत थी

बारिश की दुआओं में नमी आँख की मिल जाये
जज़्बे की कभी इतनी रिफ़ाक़त भी बहुत थी

कुछ तो तिरे मौसम ही मुझे रास कम आये
और कुछ मिरी मिट्टी में बग़ावत भी बहुत थी

फूलों का बिखरना तो मुक़द्दर ही था लेकिन
कुछ इसमें हवाओं की सियासत भी बहुत थी

वो भी सर–ए–मक़्तल[3] है कि सच जिस का था शाहिद[4]
और वाक़िफ़–ए–अहवाल–अदालत भी बहुत थी

इस तर्क–ए–रिफ़ाक़त[5] पे परेशाँ तो हूँ लेकिन
अब तक के तिरे साथ पे हैरत भी बहुत थी

ख़ुश आये तुझे शहर–ए–मुनाफ़िक़[6] की अमीरी
हम लोगों को सच कहने की आदत भी बहुत थी

---

1. दूरी, 2. रात के पर्दे के इन्तज़ार में, 3. वधस्थल में, 4. ईमान, श्रेष्ठ, 5. साथ छूटना, 6. प्रपंचकारी शहर।

तेरा घर और मेरा जंगल भीगता है साथ-साथ

तेरा घर और मेरा जंगल भीगता है साथ–साथ
ऐसी बरसातें कि बादल भीगता है साथ–साथ

बचपने का साथ है फिर एक से दोनों के दुख
रात का और मेरा आंचल भीगता है साथ–साथ

वो अजब दुनिया कि सब ख़ंजर–ब–कफ़[1] फिरते हैं और
काँच के प्यालों में संदल भीगता है साथ–साथ

बारिश–ए–संग–ए–मलामत[2] में भी वो हमराह[3] है
मैं भी भीगूँ ख़ुद भी पागल भीगता है साथ–साथ

लड़कियों के दुख अजब होते हैं सुख उससे अजीब
हँस रही हैं और काजल भीगता है साथ–साथ

बारिशें जाड़े की और तन्हा बहुत मेरा किसान
जिस्म और इकलौता कम्बल भीगता है साथ–साथ

---

1. हाथों में ख़ंजर लिए, 2. पश्चाताप के पत्थरों की बारिश, 3. साथ।

कुछ तो हवा भी सर्द थी कुछ था तिरा ख़याल भी

कुछ तो हवा भी सर्द थी कुछ था तिरा ख़याल भी
दिल को ख़ुशी के साथ–साथ होता रहा मलाल भी

बात वो आधी रात की रात वो पूरे चाँद की
चाँद भी ऐन चैत का उस पे तिरा जमाल[1] भी

सब से नज़र बचा के वो मुझ को कुछ ऐसे देखना
एक दफ़ा तो रुक गयी गर्दिश–ए–माह–ओ–साल[2] भी

दिल तो चमक सकेगा क्या फिर भी तराश के देख लें
शीशा–गिरान–ए–शहर[3] के हाथ का ये कमाल भी

उस को न पा सके थे जब दिल का अजीब हाल था
अब जो पलट के देखिए बात थी कुछ मुहाल भी

मेरी तलब था एक शख़्स वो जो नहीं मिला तो फिर
हाथ दुआ से यूँ गिरा भूल गया सवाल भी

उस की सुख़न–तराज़ियाँ[4] मेरे लिए भी ढाल थीं
उस की हँसी में छुप गया अपने ग़मों का हाल भी

गाह[5] क़रीब–ए–शाह–रग गाह बईद–ए–बहम–ओ–ख़्वाब
उसकी रफ़ाक़तों में रात हिज्र भी था विसाल भी

उस के ही बाज़ुओं में और उस को ही सोचते रहे
जिस्म की ख़्वाहिशों पे थे रूह के और जाल भी

शाम की ना–समझ हवा पूछ रही है इक पता
मौज–ए–हवा–ए–कू–ए–यार[6] कुछ तो मिरा ख़याल भी

---

1. सौन्दर्य, 2. समय का चक्र, 3. शहर के शीशे का काम करने वाले, 4. हाज़िर–जवाबियाँ, 5. कभी, 6. यार के मुहल्ले की हवा।

पा-ब-गिल सब हैं रिहाई की करे तदबीर कौन

पा–ब–गिल[1] सब हैं रिहाई की करे तदबीर कौन
दस्त–बस्ता[2] शहर में खोले मिरी ज़ंजीर कौन

मेरा सर हाज़िर है लेकिन मेरा मुंसिफ़[3] देख ले
कर रहा है मेरी फ़र्द–ए–जुर्म[4] को तहरीर कौन

आज दरवाज़ों पे दस्तक जानी पहचानी सी है
आज मेरे नाम लाता है मिरी ताज़ीर कौन

कोई मक़्तल[5] को गया था मुद्दतों पहले मगर
है दर–ए–ख़ेमा पे अब तक सूरत–ए–तस्वीर[6] कौन

मेरी चादर तो छिनी थी शाम की तनहाई में
बे–रिदाई[7] को मिरी फिर दे गया तश्हीर[8] कौन

सच जहाँ पा–बस्ता[9] मुल्ज़िम के कटहरे में मिले
उस अदालत में सुनेगा अद्ल[10] की तफ़्सीर कौन

नींद जब ख़्वाबों से प्यारी हो तो ऐसे अहद[11] में
ख़्वाब देखे कौन और ख़्वाबों को दे ता'बीर कौन

रेत अभी पिछले मकानों की न वापस आयी थी
फिर लब–ए–साहिल[12] घरौंदा कर गया ता'मीर कौन

सारे रिश्ते हिजरतों[13] में साथ देते हैं तो फिर
शहर से जाते हुए होता है दामन–गीर[14] कौन

दुश्मनों के साथ मेरे दोस्त भी आज़ाद हैं
देखना है खींचता है मुझ पे पहला तीर कौन

---

1. विवश, 2. हाथ बँधे, 3. जज, 4. चार्जशीट, 5. वध स्थल, 6. तस्वीर की तरह, 7. नग्नता, 8. प्रचार, 9. पैर बँधे, 10. न्याय, 11. काल।

वक़्त-ए-रुख़सत आ गया दिल फिर भी घबराया नहीं

वक़्त–ए–रुख़सत[1] आ गया दिल फिर भी घबराया नहीं
उसको हम क्या खोएँगे जिसको कभी पाया नहीं

ज़िन्दगी जितनी भी है अब मुस्तक़िल[2] सहरा में है
और इस सहरा में तेरा दूर तक साया नहीं

मेरी क़िस्मत में फ़क़त गर्द–ए–तह–ए–साग़र[3] ही है
अव्वल–ए–शब[4] जाम मेरी सम्त[5] वो लाया नहीं

तेरी आँखों का भी कुछ हल्का गुलाबी रंग था
ज़ेहन ने मेरे भी अब के दिल को समझाया नहीं

कान भी ख़ाली हैं मेरे और दोनों हाथ भी
अब के फ़स्ल–ए–गुल ने मुझको फूल पहनाया नहीं

---

1. विदाई का समय, 2. लगातार, 3. प्याले की तह में बैठी गर्द, 4. रात, 5. तरफ़।

बहुत रोया वो हमको याद करके

बहुत रोया वो हमको याद करके
हमारी ज़िंदगी बर्बाद करके

पलट कर फिर यहीं आ जायेंगे हम
वो देखे तो हमें आज़ाद करके

रिहाई की कोई सूरत नहीं है
मगर हाँ मिन्नत–ए–सय्याद[1] करके

बदन मेरा छुआ था उसने लेकिन
गया है रूह को आबाद करके

हर आमिल[2] तूल देना चाहता है
मुक़र्रर[3] ज़ुल्म की मीआ'द[4] करके

---

1. शिकारी की मिन्नत, 2. इच्छुक, 3. निर्धारित, 4. अवधि।

वो मजबूरी नहीं थी ये अदाकारी नहीं है

वो मजबूरी नहीं थी ये अदाकारी नहीं है
मगर दोनों तरफ़ पहली सी सरशारी[1] नहीं है

बहाने से उसे बस देख आना पल दो पल को
ये फ़र्द–ए–जुर्म[2] है और आँख इन्कारी नहीं है

मैं तेरी सर्द–मेहरी[3] से ज़रा बद–दिल नहीं हूँ
मिरे दुश्मन तिरा ये वार भी कारी नहीं है

मैं उसके क़ौल पर ईमान लाकर ख़ौफ़ में हूँ
कहीं लहजे में तो ज़ालिम के अय्यारी नहीं है

---

1. पागलपन, 2. चार्जशीट, 3. निष्ठुरता।

पूरा दुख और आधा चाँद

पूरा दुख और आधा चाँद
हिज्र की शब और ऐसा चाँद

दिन में वहशत बहल गयी
रात हुई और निकला चाँद

किस मक़्तल से गुज़रा होगा
इतना सहमा–सहमा चाँद

यादों की आबाद गली में
घूम रहा है तन्हा चाँद

मेरी करवट पर जाग उठ्ठे
नींद का कितना कच्चा चाँद

मेरे मुँह को किस हैरत से
देख रहा है भोला चाँद

इतने घने बादल के पीछे
कितना तन्हा होगा चाँद

आँसू रोके नूर नहाये
दिल दरिया तन सहरा चाँद

इतने रौशन चेहरे पर भी
सूरज का है साया चाँद

जब पानी में चेहरा देखा
तूने किस को सोचा चाँद

बरगद की इक शाख़ हटाकर
जाने किसको झाँका चाँद

बादल के रेशम झूले में
भोर समय तक सोया चाँद

रात के शाने पर सर रक्खे
देख रहा है सपना चाँद

सूखे पत्तों के झुरमुट पर
शबनम थी या नन्हा चाँद

हाथ हिलाकर रुख़सत होगा
उस की सूरत हिज्र का चाँद

सहरा–सहरा भटक रहा है
अपने इश्क़ में सच्चा चाँद

रात के शायद एक बजे हैं
सोता होगा मेरा चाँद

बारिश हुई तो फूलों के तन चाक हो गये

बारिश हुई तो फूलों के तन चाक हो गये
मौसम के हाथ भीग के सफ़्फ़ाक[1] हो गये

बादल को क्या ख़बर है कि बारिश की चाह में
कैसे बुलन्द–ओ–बाला शजर ख़ाक हो गये

जुगनू को दिन के वक़्त परखने की ज़िद करें
बच्चे हमारे अहद के चालाक हो गये

लहरा रही है बर्फ़ की चादर हटा के घास
सूरज की शह पे तिनके भी बेबाक हो गये

बस्ती में जितने आब–गज़ीदा[2] थे सब–के–सब
दरिया के रुख़ बदलते ही तैराक हो गये

सूरज–दिमाग़ लोग भी अब लाग़–ए–फ़िक्र में
ज़ुल्फ़–ए–शब–ए–फ़िराक़ के पेचाक हो गये

जब भी ग़रीब–ए–शहर से कुछ गुफ़्तगू हुई
लहजे हवा–ए–शाम के नमनाम हो गये

---

1. निष्ठुर, 2. बाढ़–ग्रस्त।

शब वही लेकिन सितारा और है

शब वही लेकिन सितारा और है
अब सफ़र का इस्तिआ'रा[1] और है

एक मुट्ठी में भला कैसे रहे
इस समुन्दर का किनारा और है

मौज के मुड़ने में कितनी देर है
नाव डाली और धारा और है

जंग का हथियार तय कुछ और था
तीर सीने में उतारा और है

मत्न[2] में तो जुर्म साबित है मगर
हाशिया सारे का सारा और है

साथ तो मेरा ज़मीं देती मगर
आसमाँ का ही इशारा और है

धूप में दीवार ही काम आयेगी
तेज़ बारिश का सहारा और है

हारने में इक अना[3] की बात थी
जीत जाने में ख़सारा[4] और है

सुख के मौसम उँगलियों पर गिन लिए
फ़स्ल–ए–ग़म का गोश्वारा[5] और है

देर से पलकें नहीं झपकीं मिरी
पेश–ए–जाँ अब के नज़ारा और है

और कुछ पल उस का रस्ता देख लूँ
आसमाँ पर एक तारा और है

हद चराग़ों की यहाँ से ख़त्म है
आज से रस्ता हमारा और है

---

1. रूपक, 2. मूल लेखन, 3. ईगा, 4. नुक़सान, 5. हिसाब, ब्यौरा।

सुन्दर कोमल सपनों की बारात गुज़र गयी जानाँ

सुन्दर कोमल सपनों की बारात गुज़र गयी जानाँ
धूप आँखों तक आ पहुँची है रात गुज़र गयी जानाँ

भोर समय तक जिसने हमें बाहम उलझाए रक्खा
वो अलबेली रेशम जैसी बात गुज़र गयी जानाँ

सदा की देखी रात हमें इस बार मिली तो चुपके से
ख़ाली बात पे रख के क्या सौग़ात गुज़र गयी जानाँ

किस कोंपल की आस में अब तक वैसे ही सरसब्ज़ हो तुम
अब तो धूप का मौसम है बरसात गुज़र गयी जानाँ

लोग न जाने किन रातों की मुरादें माँगा करते हैं
अपनी रात तो वो जो तेरे साथ गुज़र गयी जानाँ

अब तो फ़क़त सय्याद की दिलदारी का बहाना है वरना
हम को दाम[1] में लाने वाली घात गुज़र गयी जानाँ

---

1. जाल।

अक्स-ए-खुशबू हूँ बिखरने से न रोके कोई

अक्स–ए–ख़ुशबू हूँ बिखरने से न रोके कोई
और बिखर जाऊँ तो मुझको न समेटे कोई

काँप उठती हूँ मैं ये सोच के तनहाई में
मेरे चेहरे पे तिरा नाम न पढ़ ले कोई

जिस तरह ख़्वाब मिरे हो गये रेज़ा रेज़ा
उस तरह से न कभी टूट के बिखरे कोई

मैं तो उस दिन से हिरासाँ[1] हूँ कि जब हुक्म मिले
ख़ुश्क फूलों को किताबों में न रक्खे कोई

अब तो इस राह से वो शख़्स गुज़रता भी नहीं
अब किस उम्मीद पे दरवाज़े से झाँके कोई

कोई आहट कोई आवाज़ कोई चाप नहीं
दिल की गलियाँ बड़ी सुनसान हैं आये कोई

---

1. भयभीत।

तराश कर मिरे बाज़ू उड़ान छोड़ गया

तराश कर मिरे बाज़ू उड़ान छोड़ गया
हवा के पास बरहना कमान छोड़ गया

रफ़ाक़तों का मिरी उसको ध्यान कितना था
ज़मीन ले ली मगर आसमान छोड़ गया

अजीब शख़्स था बारिश का रंग देख के भी
खुले दरीचे पे इक फूल–दान छोड़ गया

जो बादलों से भी मुझको छुपाये रखता था
बढ़ी है धूप तो बे–साएबान[1] छोड़ गया

निकल गया कहीं अनदेखे पानियों की तरफ़
ज़मीं के नाम खुला बादबान छोड़ गया

उक़ाब[2] को थी ग़रज़ फ़ाख़्ता[3] पकड़ने से
जो गिर गयी तो यूँही नीम–जान[4] छोड़ गया

न जाने कौन–सा आसेब[5] दिल में बस्ता है
कि जो भी ठहरा वो आख़िर मकान छोड़ गया

अक़ब में गहरा समुन्दर है सामने जंगल
किस इन्तिहाँ पे मिरा मेहरबान छोड़ गया

---

1. बिना साये के, 2. बाज, 3. कबूतर, 4. अधमरा, 5. प्रेत।

धूप सात रंगों में फैलती है आँखों पर

धूप सात रंगों में फैलती है आँखों पर
बर्फ़ जब पिघलती है उसकी नर्म पलकों पर

फिर बहार के साथी आ गये ठिकानों पर
सुर्ख़–सुर्ख़[1] पर निकले सब्ज़–सब्ज़ शाख़ों पर

जिस्म ओ जाँ से उतरेगी गर्द पिछले मौसम की
धो रही हैं सब चिड़ियाँ अपने पंख चश्मों पर

सारी रात सोते में मुस्कुरा रहा था वो
जैसे कोई सपना सा काँपता था होंठों पर

तितलियाँ पकड़ने में दूर तक निकल जाना
कितना अच्छा लगता है फूल जैसे बच्चों पर

लहर–लहर किरनों को छेड़कर गुज़रती है
चाँदनी उतरती है जब शरीर[3] झरनों पर

---

1. लाल लाल, 2. हरी हरी, 3. शरारती।

अब इतनी सादगी लायें कहाँ से

अब इतनी सादगी लायें कहाँ से
ज़मीं की ख़ैर माँगें आसमाँ से

अगर चाहें तो वो दीवार कर दें
हमें अब कुछ नहीं कहना ज़बाँ से

सितारा ही नहीं जब साथ देता
तो कश्ती काम ले क्या बादबाँ से

भटकने से मिले फ़ुरसत तो पूछें
पता मंज़िल का मीर–ए–कारवाँ[1] से

तवज्जोह बर्क़[2] की हासिल रही है
सो हैं आज़ाद फ़िक्र–ए–आशियाँ से

हवा को राज़–दाँ हमने बनाया
और अब नाराज़ ख़ुशबू के बयाँ से

ज़रूरी हो गयी है दिल की ज़ीनत
मकीं पहचाने जाते हैं मकाँ से

फ़ना–फ़िल–इश्क़[3] होना चाहते थे
मगर फ़ुरसत न थी कार–ए–जहाँ[4] से

वगर्ना फ़स्ल–ए–गुल[5] की क़द्र क्या थी
बड़ी हिकमत[6] है वाबस्ता[7] ख़िज़ाँ[8] से

किसी ने बात की थी हँस के शायद
ज़माने भी से हैं हम ख़ुद गुमाँ[9] से

मैं इक–इक तीर पे ख़ुद ढाल बनती
अगर होता वो दुश्मन की कमाँ से

जो सब्ज़ा देखकर ख़ेमे लगायें
उन्हें तकलीफ़ क्यूँ पहुँचे ख़िज़ाँ से

जो अपने पेड़ जलते छोड़ जायें
उन्हें क्या हक़ कि रूठें बाग़बाँ से

---

1. लीडर, रहनुमा, 2. बिजली, 3. इश्क़ में फ़ना, 4. दुनिया के काम, 5. बहार, 6. सीख, 7. संलग्न, 8. पतझड़, 9. भ्रमित।

अपनी रुसवाई तिरे नाम का चर्चा देखूँ

अपनी रुसवाई तिरे नाम का चर्चा देखूँ
इक ज़रा शेर कहूँ और मैं क्या–क्या देखूँ

नींद आ जाये तो क्या महफ़िलें बरपा देखूँ
आँख खुल जाये तो तनहाई का सहरा देखूँ

शाम भी हो गई धुन्धला गयीं आँखें भी मिरी
भूलने वाले मैं कब तक तिरा रस्ता देखूँ

एक इक कर के मुझे छोड़ गयीं सब सखियाँ
आज मैं ख़ुद को तिरी याद में तन्हा देखूँ

काश संदल से मिरी माँग उजाले आकर
इतने ग़ैरों में वही हाथ जो अपना देखूँ

तू मिरा कुछ नहीं लगता है मगर जान–ए–हयात
जाने क्यूँ तेरे लिए दिल को धड़कना देखूँ

बन्द करके मिरी आँखें वो शरारत से हँसे
बूझे जाने का मैं हर रोज़ तमाशा देखूँ

सब ज़िदें उसकी मैं पूरी करूँ हर बात सुनूँ
एक बच्चे की तरह से उसे हँसता देखूँ

मुझ पे छा जाये वो बरसात की ख़ुशबू की तरह
अंग–अंग अपना इसी रुत में महकता देखूँ

फूल की तरह मिरे जिस्म का हर लब खुल जाये
पंखुड़ी–पंखुड़ी उन होंठों का साया देखूँ

मैंने जिस लम्हे को पूजा है उसे बस इक बार
ख़्वाब बनकर तिरी आँखों में उतरता देखूँ

तू मिरी तरह से यकता[1] है मगर मेरे हबीब[2]
जी में आता है कोई और भी तुझ सा देखूँ

टूट जायें कि पिघल जायें मिरे कच्चे घड़े
तुझको मैं देखूँ कि ये आग का दरिया देखूँ

---

1. अद्वितीय, 2. प्रिय।

जब साज़ की लय बदल गयी थी

जब साज़ की लय बदल गयी थी
वो रक़्स की कौन–सी घड़ी थी

अब याद नहीं कि ज़िन्दगी में
मैं आख़िरी बार कब हँसी थी

जब कुछ भी न था यहाँ पे मा–क़ब्ल[1]
दुनिया किसी चीज़ से बनी थी

मुट्ठी में तो रंग थे हज़ारों
बस हाथ से रेत बह रही थी

है अक्स तो आईना कहाँ है
तमसील[2] ये किस जहान की थी

हम किस की ज़बान बोलते हैं
गर ज़ेहन में बात दूसरी थी

तन्हा है अगर अज़ल से इंसाँ
ये बज़्म–ए–कलाम क्यूँ सजी थी

था आग ही गर मिरा मुक़द्दर
क्यूँ ख़ाक में फिर शिफ़ा रखी थी

क्यूँ मोड़ बदल गयी कहानी
पहले से अगर लिखी हुई थी

---

1. शुरू शुरू में, 2. उपमा।

क्यारी-ए-जाँ में कोई फूल खिलाने आये

क्यारी–ए–जाँ[1] में कोई फूल खिलाने आये
वो मिरे दिल पे नया ज़ख़्म लगाने आये

मेरे वीरान दरीचों में भी ख़ुशबू जागे
वो मिरे घर के दर–ओ–बाम[2] सजाने आये

उससे इक बार तो रूठूँ मैं उसी की मानिन्द
और मिरी तरह से वो मुझको मनाने आये

इसी कूचे में कई उसके शनासा[3] भी तो हैं
वो किसी और से मिलने के बहाने आये

अब न पूछूँगी मैं खोए हुए ख़्वाबों का पता
वो अगर आये तो कुछ भी न बताने आये

ज़ब्त की शहर–पनाहों की मिरे मालिक ख़ैर
ग़म का सैलाब अगर मुझ को बहाने आये

---

1. प्राणों की क्यारी, 2. दरवाज़ा और छत, 3. जानकार।

तेरी ख़ुशबू का पता करती है

तेरी ख़ुशबू का पता करती है
मुझ पे एहसान हवा करती है

चूमकर फूल को आहिस्ता से
मोजज़ा[1] बाद–ए–सबा[2] करती है

खोल कर बंद–ए–क़बा[3] गुल के हवा
आज ख़ुशबू को रिहा करती है

अब्र[4] बरसते तो इनायत उसकी
शाख़ तो सिर्फ़ दुआ करती है

ज़िन्दगी फिर से फ़ज़ा में रौशन
मिशअल–ए–बर्ग–ए–हिना[5] करती है

हमने देखी है वो उजली साअत[6]
रात जब शेर कहा करती है

शब की तनहाई में अब तो अक्सर
गुफ़्तगू तुझ से रहा करती है

दिल को उस राह पे चलना ही नहीं
जो मुझे तुझ से जुदा करती है

ज़िन्दगी मेरी थी लेकिन अब तो
तेरे कहने में रहा करती है

उसने देखा ही नहीं वरना ये आँख
दिल का अहवाल कहा करती है

मुसह्फ़–ए–दिल[7] पे अजब रंगों में
एक तस्वीर बना करती है

बे–नियाज़–ए–कफ़–ए–दरिया[8] अंगुश्त[9]
रेत पर नाम लिखा करती है

देख तू आन के चेहरा मेरा
इक नज़र भी तिरी क्या करती है

ज़िन्दगी भर की ये ताख़ीर अपनी
रंज मिलने का सिवा करती है

शाम पड़ते ही किसी शख़्स की याद
कूचा–ए–जाँ में सदा करती है

मसअला जब भी चराग़ों का उठा
फ़ैसला सिर्फ़ हवा करती है

मुझसे भी उसका है वैसा ही सुलूक
हाल जो तेरा अना करती है

दुख हुआ करता है कुछ और बयाँ
बात कुछ और हुआ करती है

---

1. जादू, 2. सुबह की हवा, 3. शरीर के बन्धन, 4. बादल, 5. मेहन्दी की लाली, 6. घड़ी, 7. दिल का कैनवस, 8. बेपरवाह दरिया का हाथ, 9. उँगली।

रुकने का समय गुज़र गया है

रुकने का समय गुज़र गया है
जाना तिरा अब ठहर गया है

रुख़सत की घड़ी खड़ी है सर पर
दिल कोई दो–नीम[1] कर गया है

मातम की फ़ज़ा है शहर–ए–दिल में
मुझमें कोई शख़्स मर गया है

बुझने को है फिर से चश्म–ए–नर्गिस[2]
फिर ख़्वाब–ए–सबा[3] बिखर गया है

बस एक निगाह की थी उसने
सारा चेहरा निखर गया है

---

1. दो टुकड़े, 2. नर्गिस नामक फूल की आँख, 3. शीतल पवन का सपना।

गये मौसम में जो खिलते थे गुलाबों की तरह

गये मौसम में जो खिलते थे गुलाबों की तरह
दिल पे उतरेंगे वही ख़्वाब अज़ाबों की तरह

राख के ढेर पे अब रात बसर करनी है
जल चुके हैं मिरे ख़ेमे मिरे ख़्वाबों की तरह

साअत–ए–दीद[1] कि आरिज़[2] हैं गुलाबी अब तक
अव्वलीं[3] लम्हों के गुलनार हिजाबों[4] की तरह

वो समुन्दर है तो फिर रूह को शादाब[5] करे
तिश्नगी क्यूँ मुझे देता है सराबों[6] की तरह

ग़ैर–मुमकिन है तिरे घर के गुलाबों का शुमार
मेरे रिसते हुए ज़ख़्मों के हिसाबों की तरह

याद तो होंगी वो बातें तुझे अब भी लेकिन
शेल्फ़ में रक्खी हुई बन्द किताबों की तरह

कौन जाने कि नये साल में तू किस को पढ़े
तेरा मेआ'र बदलता है निसाबों[7] की तरह

शोख़ हो जाती है अब भी तिरी आँखों की चमक
गाहे–गाहे[8] तिरे दिलचस्प जवाबों की तरह

हिज्र की शब मिरी तनहाई पे दस्तक देगी
तेरी ख़ुशबू मिरे खोए हुए ख़्वाबों की तरह

---

1. मिलन की घड़ी, 2. गाल, 3. शुरू में शुरुआती, 4. संकोचों, लज्जा, 5. तृप्त, 6. मृगतृष्णा, 7. पाठ्यक्रम, 8. कभी–कभी।

खुलेगी उस नज़र पे चश्म-ए-तर आहिस्ता-आहिस्ता

खुलेगी उस नज़र पे चश्म–ए–तर[1] आहिस्ता–आहिस्ता
किया जाता है पानी में सफ़र आहिस्त–आहिस्ता

कोई ज़ंजीर फिर वापस वहीं पर ले के आती है
कठिन हो राह तो छुटता है घर आहिस्ता–आहिस्ता

बदल देना है रस्ता या कहीं पर बैठ जाना है
कि थकता जा रहा है हम–सफ़र आहिस्ता–आहिस्ता

ख़लिश के साथ इस दिन से न मेरी जाँ निकल जाये
खिंचे तीर–ए–शनासाई[2] मगर आहिस्ता–आहिस्ता

हवा से सर–कशी में फूल का अपना ज़ियाँ[3] देखा
सो झुकता जा रहा है अब ये सर आहिस्ता–आहिस्ता

---

1. भीगी हुई आँख, 2. प्रेमजन्य तीर, 3. घाटा।

गवाही कैसे टूटती मुआ'मला ख़ुदा का था

गवाही कैसे टूटती मुआ'मला ख़ुदा का था
मिरा और उस का राब्ता तो हाथ और दुआ का था

गुलाब क़ीमत–ए–शगुफ़्त[1] शाम तक चुका सके
अदा वो धूप को हुआ जो क़र्ज़ भी सबा का था

बिखर गया है फूल तो हमीं से पूछ–गछ हुई
हिसाब बाग़बाँ से है किया–धरा हवा का था

लहू–चशीदा[2] हाथ उसने चूमकर दिखा दिया
जज़ा[3] वहाँ मिली जहाँ कि मरहला सज़ा का था

जो बारिशों से क़ब्ल अपना रिज़्क घर में भर चुका
वो शहर–ए–मोर से न था पर दूरबीं बला का था

---

1. खिलने की क़ीमत, 2. लहू चखे हुये, 3. ईनाम।

धनक-धनक मिरी पोरों के ख़्वाब कर देगा

धनक–धनक मिरी पोरों को ख़्वाब कर देगा
वो लम्स मेरे बदन को गुलाब कर देगा

क़बा–ए–जिस्म[1] के हर तार से गुज़रता हुआ
किरन का प्यार मुझे आफ़्ताब[2] कर देगा

जुनूँ–पसन्द है दिल और तुझ तक आने में
बदन को नाव लहू को चनाब कर देगा

मैं सच कहूँगी मगर फिर भी हार जाऊँगी
वो झूठ बोलेगा और ला–जवाब कर देगा

अना–परस्त है इतना कि बात से पहले
वो उठ के बन्द मिरी हर किताब कर देगा

सुकूत–ए–शहर–ए–सुख़न[3] में वो फूल सा लहजा
समाअ'तों की फ़ज़ा ख़्वाब–ख़्वाब कर देगा

इसी तरह से अगर चाहता रहा पैहम[4]
सुख़न–वरी[5] में मुझे इन्तिख़ाब कर देगा

मिरी तरह से कोई है जो ज़िन्दगी अपनी
तुम्हारी याद के नाम इन्तिसाब[6] कर देगा

---

1. जिस्म का लिबास, 2. सूर्य, 3. बातचीत के शहरियों में मौन, 4. लगातार, 5. लेखन, 6. समर्पित।

ज़िन्दगी बे-साएबाँ बे-घर कहीं ऐसी न थी

ज़िन्दगी बे–साएबाँ बे–घर कहीं ऐसी न थी
आसमाँ ऐसा नहीं था और ज़मीं ऐसी न थी

हम बिछड़ने से हुए गुमराह वरना इससे क़ब्ल
मेरा दामन तर न था तेरी जबीं ऐसी न थी

अब जो बदला है तो अपनी रूह तक हैरान हूँ
तेरी जानिब से मैं शायद बे–यक़ीं ऐसी न थी

बद–गुमानी जब न थी तू भी नहीं था मो'तरिज़[1]
मैं भी तेरी शख़्सियत पर नुक्ता–चीं[2] ऐसी न थी

क्या मिरे दिल और क्या आँखों का हिस्सा है मगर
चादर–ए–शब इससे पहले शबनमीं ऐसी न थी

क्या हवा आयी कि इतने फूल दिल में खिल गये
पिछले मौसम में ये शाख़–ए–यासमीं ऐसी न थी

---

1. आपत्तिजनक, 2. आलोचक।

बादबाँ खुलने से पहले का इशारा देखना

बादबाँ खुलने से पहले का इशारा देखना
मैं समुन्दर देखती हूँ तुम किनारा देखना

यूँ बिछड़ना भी बहुत आसाँ न था उस से मगर
जाते जाते उसका वो मुड़कर दोबारा देखना

किस शबाहत[1] को लिए आया है दरवाज़े पे चाँद
ऐ शब–ए–हिज्राँ[2] ज़रा अपना सितारा देखना

क्या क़यामत है कि जिनके नाम पर पसपा[3] हुए
उन ही लोगों को मुक़ाबिल में सफ़–आरा[4] देखना

जब बनाम–ए–दिल गवाही सर की माँगी जायेगी
ख़ून में डूबा हुआ परचम हमारा देखना

जीतने में भी जहाँ जी का ज़ियाँ पहले से है
ऐसी बाज़ी हारने में क्या ख़सारा देखना

आईने की आँख ही कुछ कम न थी मेरे लिए
जाने अब क्या क्या दिखाएगा तुम्हारा देखना

एक मुश्त–ए–ख़ाक और वो भी हवा की ज़द में है
ज़िन्दगी की बेबसी का इस्तिआ'रा[5] देखना

---

1. स्थिति, 2. जुदाई की रात, 3. तबाह, 4. युद्धरत, 5. रूपक।

अपनी तनहाई मिरे नाम पे आबाद करे

अपनी तनहाई मिरे नाम पे आबाद करे
कौन होगा जो मुझे उसकी तरह याद करे

दिल अजब शहर कि जिस पर भी खुला दर इस का
वो मुसाफ़िर इसे हर सम्त से बरबाद करे

अपने क़ातिल की ज़ेहानत से परेशान हूँ मैं
रोज़ इक मौत नये तर्ज़ की ईजाद करे

इतना हैराँ हो मिरी बे–तलबी के आगे
वा[1] क़फ़स[2] में कोई दर ख़ुद मिरा सय्याद करे

सल्ब–ए–बीनाई[3] के अहकाम मिले हैं जो कभी
रौशनी छूने की ख़्वाहिश कोई शब–ज़ाद[4] करे

सोच रखना भी जराएम में है शामिल अब तो
वही मासूम है हर बात पे जो साद करे

जब लहू बोल पड़े उसके गवाहों के ख़िलाफ़
क़ाज़ी–ए–शहर कुछ इस बाब[5] में इरशाद करे

उसकी मुट्ठी में बहुत रोज़ रहा मेरा वजूद
मेरे साहिर[6] से कहो अब मुझे आज़ाद करे

---

1. खोलना, 2. पिंजरा, 3. दृष्टि का ख़ात्मा, 4. पतंगा, 5. अध्याय, 6. जादूगर।

खुली आँखों में सपना झाँकता है

खुली आँखों में सपना झाँकता है
वो सोया है कि कुछ कुछ जागता है

तिरी चाहत के भीगे जंगलों में
मिरा तन मोर बनकर नाचता है

मुझे हर कैफ़ियत में क्यूँ न समझे
वो मेरे सब हवाले जानता है

मैं उस की दस्तरस[1] में हूँ मगर वो
मुझे मेरी रज़ा से माँगता है

किसी के ध्यान में डूबा हुआ दिल
बहाने से मुझे भी टालता है

सड़क को छोड़कर चलना पड़ेगा
कि मेरे घर का कच्चा रास्ता है

---

1. पहुँच।

क़माल-ए-ज़ब्त को ख़ुद भी तो आज़माऊँगी

कमाल–ए–ज़ब्त को ख़ुद भी तो आज़माऊँगी
मैं अपने हाथ से उसकी दुल्हन सजाऊँगी

सुपुर्द करके उसे चाँदनी के हाथों में
मैं अपने घर के अँधेरों को लौट आऊँगी

बदन के कर्ब[1] को वो भी समझ न पायेगा
मैं दिल में रोऊँगी आँखों में मुस्कुराऊँगी

वो क्या गया कि रिफ़ाक़त के सारे लुत्फ़ गये
मैं किस से रूठ सकूँगी किसे मनाऊँगी

अब उस का फ़न तो किसी और से हुआ मंसूब[2]
मैं किस की नज़्म अकेले में गुनगुनाऊँगी

वो एक रिश्ता–ए–बेनाम भी नहीं लेकिन
मैं अब भी उसके इशारों पे सर झुकाऊँगी

बिछा दिया था गुलाबों के साथ अपना वजूद
वो सो के उट्ठे तो ख़्वाबों की राख उठाऊँगी

समाअ'तों के घने जंगलों की साँसें हैं
मैं अब कभी तिरी आवाज़ सुन न पाऊँगी

जवाज़[3] ढूँढ़ रहा था नयी मोहब्बत का
वो कह रहा था कि मैं उसको भूल जाऊँगी

---

1. दर्द, 2. संलग्न, 3. बहाना

बख़्त से कोई शिकायत है न अफ़्लाक से है

बख़्त[1] से कोई शिकायत है न अफ़्लाक[2] से है
यही क्या कम है कि निस्बत मुझे इस ख़ाक से है

ख़्वाब में भी तुझे भूलूँ तो रवा रख मुझसे
वो रवय्या जो हवा का ख़स–ओ–ख़ाशाक[3] से है

बज़्म–ए–अंजुम[4] में क़बा ख़ाक की पहनी मैंने
और मिरी सारी फ़ज़ीलत[5] इस पोशाक से है

इतनी रौशन है तिरी सुब्ह कि होता है गुमाँ
ये उजाला तो किसी दीदा–ए–नमनाक[6] से है

हाथ तो काट दिये कूज़ा–गरों[7] के हमने
मो'जिज़े[8] की वही उम्मीद मगर चाक से है

---

1. भाग्य, 2. ईश्वर, 3. तिनके, घास–फूस, 4. सितारों की महफ़िल, 5. दुर्दशा, 6. नम आँख, 7. कुम्हार, 8. जादू।

जुस्तजू खोये हुओं की उम्र भर करते रहे

जुस्तुजू खोये हुओं की उम्र भर करते रहे
चाँद के हमराह हम हर शब सफ़र करते रहे

रास्तों का इल्म था हमको न सम्तों[1] की ख़बर
शहर–ए–ना–मालूम की चाहत मगर करते रहे

हम ने ख़ुद से भी छुपाया और सारे शहर को
तेरे जाने की ख़बर दीवार–ओ–दर करते रहे

वो न आयेगा हमें मालूम था इस शाम भी
इन्तिज़ार उसका मगर कुछ सोचकर करते रहे

आज आया है हमें भी उन उड़ानों का ख़याल
जिनको तेरे ज़ो'म[2] में बे–बाल–ओ–पर[3] करते रहे

---

1. दिशाओं, 2. जुनून, 3. पंख–विहीन पक्षी।

इक हुनर था कमाल था क्या था

इक हुनर था कमाल था क्या था
मुझमें तेरा जमाल[1] था क्या था

तेरे जाने पे अब के कुछ न कहा
दिल में डर था मलाल था क्या था

बर्क़[2] ने मुझको कर दिया रौशन
तेरा अक्स–ए–जलाल था क्या था

हम तक आया त बहर–ए–लुत्फ़–ओ–करम[3]
तेरा वक़्त–ए–ज़वाल[4] था क्या था

जिसने तह से मुझे उछाल दिया
डूबने का ख़याल था क्या था

जिस पे दिल सारे अहद भूल गया
भूलने का सवाल था क्या था

तितलियाँ थे हम और क़ज़ा के पास
सुर्ख़ फूलों का जाल था क्या था

---

1. सौन्दर्य, 2. बिजली, 3. मेहरबानी करने, 4. पतन का समय।

कुछ फ़ैसला तो हो कि किधर जाना चाहिए

कुछ फ़ैसला तो हो कि किधर जाना चाहिए
पानी को अब तो सर से गुज़र जाना चाहिए

नश्तर–ब–दस्त[1] शहर से चारागरी की लौ
ऐ ज़ख़्म–ए–बे–कसी तुझे भर जाना चाहिए

हर बार एड़ियों पे गिरा है मिरा लहू
मक़्तल में अब ब–तर्ज़–ए–दिगर[2] जाना चाहिए

क्या चल सकेंगे जिन का फ़क़त मसअला ये है
जाने से पहले रख़्त–ए–सफ़र[3] जाना चाहिए

सारा ज्वार–भाटा मिरे दिल में है मगर
इल्ज़ाम ये भी चाँद के सर जाना चाहिए

जब भी गये अज़ाब–ए–दर–ओ–बाम था वही
आख़िर को कितनी देर से घर जाना चाहिए

तोहमत लगा के माँ पे जो दुश्मन से दाद ले
ऐसे सुख़न–फ़रोश[4] को मर जाना चाहिए

---

1. हाथ में ख़ंजर लिए, 2. अलग अंदाज़ में, 3. सफ़र का सामान, 4. साहित्यकार।

हर्फ़-ए-ताज़ा नयी ख़ुशबू में लिखा चाहता है

हर्फ़–ए–ताज़ा[1] नयी ख़ुशबू में लिखा चाहता है
बाब[2] इक और मोहब्बत का खुला चाहता है

एक लम्हे की तवज्जोह नहीं हासिल उसकी
और ये दिल कि उसे हद से सिवा[3] चाहता है

इक हिजाब–ए–तह–ए–इक़रार[4] है मानो वरना
गुल को मालूम है क्या दस्त–ए–सबा चाहता है

रेत ही रेत है इस दिल में मुसाफ़िर मेरे
और ये सहरा तिरा नक़्श–ए–कफ़–ए–पा[5] चाहता है

यही ख़ामोशी कई रंग में ज़ाहिर होगी
और कुछ रोज़ कि वो शोख़ खुला चाहता है

रात को मान लिया दिल ने मुक़द्दर लेकिन
रात के हाथ पे अब कोई दिया चाहता है

तेरे पैमाने में गर्दिश नहीं बाक़ी साक़ी
और तिरी बज़्म से अब कोई उठा चाहता है

---

1. नयी बात, 2. अध्याय, 3. ज़्यादा, 4. संकोचशील स्वीकृति, 5. चरण–चिह्न।

डसने लगे हैं ख़्वाब मगर किससे बोलिए

डसने लगे हैं ख़्वाब मगर किससे बोलिए
मैं जानती थी पाल रही हूँ संपोलिए

बस ये हुआ कि उस ने तकल्लुफ़ से बात की
और हम ने रोते–रोते दुपट्टे भिगो लिए

पलकों पे कच्ची नींदों का रस फैलता हो जब
ऐसे में आँख धूप के रुख़ कैसे खोलिए

तेरी बरहना–पाई[1] के दुख बाँटते हुए
हम ने ख़ुद अपने पाँव में काँटे चुभो लिए

मैं तेरा नाम ले के तज़ब्ज़ुब[2] में पड़ गयी
सब लोग अपने–अपने अज़ीज़ों को रो लिए

ख़ुशबू कहीं न जाये ये इसरार है बहुत
और ये भी आरज़ू कि ज़रा ज़ुल्फ़ खोलिए

तस्वीर जब नयी है नया कैनवस भी है
फिर तश्तरी में रंग पुराने न घोलिए

---

1. नंगे पाँव होना, 2. असमंजस।

हमने ही लौटने का इरादा नहीं किया

हमने ही लौटने का इरादा नहीं किया
उसने भी भूल जाने का वादा नहीं किया

दुख ओढ़ते नहीं कभी जश्न–ए–तरब[1] में हम
मल्बूस–ए–दिल[2] को तन का लबादा नहीं किया

जो ग़म मिला है बोझ उठाया है उस का ख़ुद
सर ज़ेर–ए–बार–ए–साग़र–ओ–बादा नहीं[3] किया

कार–ए–जहाँ[4] हमें भी बहुत थे सफ़र की शाम
उसने भी इल्तिफ़ात[5] ज़ियादा नहीं किया

आमद पे तेरी इत्र ओ चराग़ ओ सुबू[6] न हों
इतना भी बूद–ओ–बाश[7] को सादा नहीं किया

---

1. ख़ुशी की महफ़िल, 2. दिल के लिबास, 3. शराब में ग़र्क़, 4. दुनियावी काम, 5. मेहरबानी, 6. शराब, 7. रहन–सहन।

अश्क आँख में फिर अटक रहा है

अश्क आँख में फिर अटक रहा है
कंकर सा कोई खटक रहा है

मैं उस के ख़याल से गुरेज़ाँ[1]
वो मेरी सदा झटक रहा है

तहरीर उसी की है मगर दिल
ख़त पढ़ते हुए अटक रहा है

हैं फ़ोन पे किसके साथ बातें
और ज़ेहन कहाँ भटक रहा है

सदियों से सफ़र में है समुन्दर
साहिल पे थकन टपक रहा है

इक चाँद सलीब–ए–शाख़–ए–गुल[2] पर
बाली की तरह लटक रहा है

---

1. परे, 2. फूलों की डाली रूपी सूली।

क़दमों में भी तकान थी घर भी क़रीब था

क़दमों में भी तकान थी घर भी क़रीब था
पर क्या करें कि अब के सफ़र ही अजीब था

निकले अगर तो चाँद दरीचे में रुक भी जाये
इस शहर–ए–बे–चराग़ में किस का नसीब था

आँधी ने उन रुतों को भी बेकार कर दिया
जिनका कभी हुमा[1] सा परिन्दा नसीब था

कुछ अपने–आप से ही उसे कशमकश न थी
मुझमें भी कोई शख़्स उसी का रक़ीब था

पूछा किसी ने मोल न हैरान रह गया
अपनी निगाह में कोई कितना ग़रीब था

मक़्तल से आने वाली हवा को भी कब मिला
ऐसा कोई दरीचा कि जो बे–सलीब[2] था

---

1. काल्पनिक पक्षी, 2. सूली रहित।

दुख नविश्ता है तो आँधी को लिखा आहिस्ता

दुख नविश्ता[1] है तो आँधी को लिखा आहिस्ता
ऐ ख़ुदा अब के चले ज़र्द हवा आहिस्ता–आहिस्ता

ख़्वाब जल जायें मिरी चश्म–ए–तमन्ना बुझ जाये
बस हथेली से उड़े रंग–ए–हिना आहिस्ता

ज़ख़्म ही खोलने आयी है तो उजलत[2] कैसी
छू मिरे जिस्म को ऐ बाद–ए–सबा आहिस्ता

टूटने और बिखरने का कोई मौसम हो
फूल की एक दुआ मौज–ए–हवा आहिस्ता

जानती हूँ कि बिछड़ना तिरी मजबूरी है
पर मिरी जान मिले मुझको सज़ा आहिस्ता

मिरी चाहत में भी अब सोच का रंग आने लगा
और तिरा प्यार भी शिद्दत में हुआ आहिस्ता

नींद पर जाल से पड़ने लगे आवाज़ों के
और फिर होने लगी तेरी सदा आहिस्ता

रात जब फूल के रुख़सार पे धीरे से झुकी
चाँद ने झुक के कहा और ज़रा आहिस्ता

---

1. लिखा हुआ, 2. झिझक।

टूटी है मेरी नींद मगर तुमको इससे क्या

टूटी है मेरी नींद मगर तुमको इससे क्या
बजते रहें हवाओं से दर तुमको इससे क्या

तुम मौज मौज मिस्ल–ए–सबा[1] घूमते रहो
कट जायें मेरी सोच के पर तुमको इससे क्या

औरों का हाथ थामो उन्हें रास्ता दिखाओ
मैं भूल जाऊँ अपना ही घर तुमको इससे क्या

अब्र–ए–गुरेज़–पा[2] को बरसने से क्या ग़रज़
सीपी में बन न पाये गुहर[3] तुमको इससे क्या

ले जायें मुझको माल–ए–ग़नीमत के साथ अदू[4]
तुमने तो डाल दी है सिपर[5] तुमको इससे क्या

तुमने तो थक के दश्त[6] में ख़ेमे लगा लिए
तन्हा कटे किसी का सफ़र तुमको इससे क्या

❑❑

1. हवा की तरह, 2. भटकते हुए बादल, 3. मोती, 4. दुश्मन, 5. हथियार, 6. जंगल।

रख़्शंदा जलील लेखक, अनुवादक, आलोचक और साहित्यिक इतिहासकार हैं। इनके अनेक अनुवाद संकलन, बौद्धिक आलेख व पुस्तकें प्रकाशित हुई हैं। इन्होंने 'प्रोग्रेसिव राइटर्स मूवमेंट एज़ रिफ़्लेक्टेड इन उर्दू' पर पीएच.डी. की है जिसे ऑक्सफ़ोर्ड यूनिवर्सिटी प्रेस ने प्रकाशित किया है।

स्त्रीवादी लेखिका डॉ. रशीद जहाँ की आत्मकथा, प्रेमचन्द, फणीश्वरनाथ 'रेणु', शहरयार, कृश्न चन्दर और इन्तिज़ार हुसैन की लघुकथाओं, शायरी और उपन्यासों का अनुवाद किया है। इनका निबन्ध संग्रह 'इनविज़िबल सिटी' जोकि दिल्ली के प्रसिद्ध स्मारकों पर आधारित है, पाठकों द्वारा पसन्द किया गया है।

आप 2002 से 'हिन्दुस्तानी आवाज़' संस्था चला रही हैं, जो हिन्दी-उर्दू साहित्य एवं संस्कृति को लोकप्रिय बनाने के लिए समर्पित है।